创客志

中 国 创 业 经 典
案 例 研 究

明星企业的逆袭传奇

樊建平　张玉利　主编　　　杨柳　著

海天出版社
·深圳·

图书在版编目 (CIP) 数据

明星企业的逆袭传奇 / 樊建平, 张玉利主编 ; 杨柳
著. — 深圳 : 海天出版社, 2018.12
（创客志 : 中国创业经典案例研究）
ISBN 978-7-5507-2509-6

Ⅰ.①明… Ⅱ.①樊… ②张… ③杨… Ⅲ.①企业管
理—案例—中国 Ⅳ.①F279.23

中国版本图书馆CIP数据核字（2018）第247322号

明星企业的逆袭传奇

MINGXING QIYE DE NIXI CHUANQI

出 品 人	聂雄前
责任编辑	陈少扬
特约编辑	薛静萍
责任技编	陈洁霞
责任校对	万妮霞
封面设计	李 礼

出版发行	海天出版社
地 址	深圳市彩田南路海天大厦 （518033）
网 址	www.htph.com.cn
订购电话	0755-83460239
设计制作	蒙丹广告0755-82027867
印 刷	深圳市新联美术印刷有限公司
开 本	787mm×1092mm 1/16
印 张	12.25
字 数	100千
版 次	2018年12月第1版
印 次	2018年12月第1次
定 价	68.00元

总序

从 2011 年"maker"一词被翻译成"创客"进入中文，到 2015 年"创客"第一次进入政府工作报告，短短几年，创客就从原本的小众文化发展成我国一、二线城市流行文化的组成部分，并且和创新创业联系在一起，形成北京、上海、深圳三大创客文化生态圈。

相信很多人跟我一样，就是在这段时间开始知道创客、认识创客，并且逐渐有了一些了解。让我真正对创客感兴趣，并且想为创客写点儿东西的是国务院总理李克强对创客的肯定。2015 年 1 月 4 日，国务院总理李克强考察深圳柴火创客空间，并且在现场体验之后说："创客充分展示了大众创业、万众创新的活力。这种活力和创造，将会成为中国经济未来增长的不熄引擎。"因为生活在深圳，因为曾经作为记者积累的资源，我有许多机会接近创客群体，对他们了解得越多，我的书写愿望就越强烈。因为我特别希望能把自己了解到的创业故事和创业经验分享给更多不断加入创业大军的朋友们，帮助他们理性创业，在创业初期尽量避免踏入一些"坑"，少走一些弯路。

想不到的是，在深圳，也有人和我一样。2016年，当接到海天出版社的邀请，了解"创客志：中国创业经典案例研究"出版项目的策划思路之后，我既激动又忐忑。激动的是竟然遇到知音，离实现愿望又近了一步；忐忑的是，这是为改革开放四十周年献礼的重要项目，海天出版社从2015年就已经开始酝酿，不知我是否能够胜任。海天出版社的回复让我心安。该项目的两位主编都是"大咖"：樊建平教授是中科院深圳先进技术研究院院长，有"人才伯乐"的美誉，在汇聚高端人才、探索科研体制创新方面有突出成绩；张玉利教授是南开大学博士生导师、教育部长江学者特聘教授，也是教育部高等学校创业教育指导委员会委员，在推动创业研究与教育工作方面颇有建树。此外，知名创客平台中科创客学院也将给予专业指导和资源支撑。如此，后顾之忧少了，我也就鼓足勇气承接了这套丛书的采访和主要撰写工作。

此后，经过将近一年的调研和讨论，这个项目的脉络逐渐清晰，最终确定了欣赏性与研究性共存的编撰理念，既全面展现我国当前的创新创业形态，又集中反映近二十年涌现的创业群体。在此基础上，为了将创业者的经验更科学地归类整理，方便读者各取所需，按照创业主体类型，我们划分出众创空间、明星企业创业、高级知识分子创业、高管创业和草根创业等五类，最后形成五个分册。其中，《创客的梦想家园》对国内外创客空间进行对比研究，总结出我国众创空间的六大模式，重点介绍了十三家知名众创空间；《明星企业的逆袭传奇》介绍了马化腾、陈清州、高云峰、周剑等明星企业家的创业经历和对未来的规划；《从高知到企业家的蝶变》介绍了刘自鸿、盛司潼、汪之涵、黄源浩、陈宁等高层次人才的创业故事，总结出高知创业者死亡陷阱和"六大生存法则"；

《高管创业的基因解码》介绍了唐欣、李建成、古永承等从华为、腾讯、比亚迪、中兴通讯等大型科技企业出来的高管创业者，归纳出高管创业者的"制胜五式"；《草根创业逐梦令》采访了为草根创业者服务的深圳梧桐会负责人苗科学，以及刘培超、黄嵩、汤洋等草根创业者的创业历程，总结了草根创业的四个关键字。

这个项目的采访和撰写时间集中在 2017 年。2018 年 1 月成稿后，因为部分企业又有了新的发展，通过和企业确认，相关信息更新至 2018 年 6 月。唯一更新至 2018 年 10 月的是腾讯创始人马化腾的资料。在 2018 年 10 月 24 日，全国工商联举行新闻发布会，发布由中央统战部、全国工商联共同推荐宣传的"改革开放 40 年百名杰出民营企业家"名单。马化腾入选该名单。

成功的故事人人爱讲，但是如果有人愿意跟你分享经历过的窘境，甚至失败，那一定是对你怀着莫大的信任。很幸运，在采访的过程中，绝大部分受访者都给了我这样的信任。例如，马化腾说，当年在求融资无望的情况下差点儿卖掉 QQ。又例如，优必选创始人周剑说，为了研发人形机器人，卖掉了自己所有的房子和车子。再例如，大族激光创始人高云峰说，最初为了获得发展资金，出让了控股权。因为这样的信任，这套丛书的内容更加精彩，也更具借鉴意义。我发自内心深深感谢这些可爱又可敬的创业者。

在采访、撰写过程中，海天出版社的领导和相关人员也做了大量工作，用一个个振奋人心的消息鼓励我克服困难：2017 年，"创客志：中国创业经典案例研究"出版项目被列入"十三五"国家重点图书、音像、电子出版物规划项目；2018 年，该出版项目获得 2018 年度国家出版基金资助，入选广东省重点出版物暨"百部好书"，同时被列为广东省纪念改革开放四十周年重点选题。在萌生为创客写点儿东西的想法的时候，我从没想到我的愿望竟能以这么华丽的形式实现。我真的非常感谢海天出版社。

我们有幸生长在这样一个美好的时代，我们不能辜负这个时代和机遇。谨以"创客志：中国创业经典案例研究"丛书向这个时代、向每一位孜孜奋斗的创业者致敬。

杨柳

2018 年 10 月 26 日

前言

精神灿烂，活出传奇

凡清代画家石涛看得上眼的书画，定然符合他给出的一个标准，那就是——"精神灿烂"。自打这个词语植入我的心里，我就发现自己几乎依赖上了这种表达。看到一株树生得蓬勃，便夸它精神灿烂；看到一枝花开得忘情，也赞它精神灿烂；在厨房的角落，惊喜地发现一个被遗忘的土豆居然自顾自地冒出了绿色的嫩芽，也颂之精神灿烂。

在我看来，一个精神灿烂的人，可以活成一座花园；一个精神灿烂的群体，可以活成一种传奇。在我走访的包含近百位企业家的群体中，总有一些企业家让我由衷赞叹，他们属于精神灿烂的一群人，那么孜孜以求，那么忘我忘情，那么百折不挠，活成了一种传奇，带给人们无穷的精神力量。

第一次见陈湘宇，见到他单脚跳着进了办公室，步幅很大。小儿麻痹虽然给他留下了不便，但哪怕只用一条腿，他也能让"大步流星"这个词瞬间浮现在你的脑海中。这个词同样可以形容他创办的乐逗游戏。按照易观智库统计，乐逗游戏已经拥有移动游戏市场近30%的用户，是行业用户规模之首。

陈湘宇说话很爽直，笑容很明亮。我相信，每个与他接触的人，都会被他的笑容和语言所感动。陈湘宇说："创业过程是从善的心灵洗礼，创业者保持从善的心态，非常重要，因为如果被个人的做事方式阻碍了自己的发展，企业就会遇到发展的'天花板'。如果你想在创业的道路上一直走下去，创业过程就一定是一个心灵洗礼的过程。"在我日后的采访过程中，陈湘宇的这番话时常浮现在心头，甚至成为我衡量创业者成长空间的一把标尺。

在2016年央视春节联欢晚会上，优必选机器人因跳舞一夜成名。这让优必选的创始人周剑看到坚持创业的巨大意义。然而，鲜为人知的是，他曾经经历了濒临破产的严酷考验，也非常幸运地遇到了夏佐全这位贵人，让他有了更强大的内心，更坚持自己的梦想，也更坚信付出总会有回报，尤其是坚信要做一个真正善良、胸怀宽广的人，这样在创业道路上才会遇到志同道合的贵人相助。

饶陆华曾为了挣学费去当拉煤工，可他坚信农家孩子改变命运的唯一途径就是发愤读书。后来，他创办的科陆电子成功上市并成为著名的能源服务商。他曾多次对年轻的创业者说："创业者要有一个追求，就是真正用创新赢得市场，得到用户认可，为社会创造价值，这才是企业长久发展之道，也是创业者自身的价值所在。"可见，能够接受命运考验、逆袭成功者，必定付出了常人难以想象的心血和努力，正所谓"自助者，天助之"。

深圳市光峰光电技术有限公司创始人、总裁李屹曾直言："我是一个理想主义创业者。我的一个理想主义判断，就是我坚信真正聪明的人应该给社会带来贡献，而不是仅仅为自己谋取利益。"当别人问他为何不去做投资，而是"一根筋"地坚持艰苦创业时，他的回答掷地有声："做投资，你只是获得财富，不可能给世界带来直接的改变，这也是我为什么选择创业，因为我可以为社会做出正向的贡献，带来直接的改变。作为企业创始人，我一直希望把光峰光电带往这个方向。"正是因为具有这样一种理想主义精神，他的团队在激光显示及照明技术等方面取得了突破性进展，其创新的技术路线和方法突破了长期以来在光源效率、可靠性、成本、寿命等方面制约激光显示的技术瓶颈，被国际同业视为下一代理想光源的发展方向，并在全球范围率先实现激光显示产品的产业化，确立了深圳在该领域的国际领先地位。

腾讯的创办人之一———马化腾更是一位执着追梦、创造奇迹的企业家，他在早期创业阶段也经历了风雨飘摇的磨砺，甚至差点儿卖掉QQ。他在创业过程中坚持"三问自己"的经营理念："第一个是这个新的领域你是不是擅长？第二个是如果你不做，用户会损失什么？第三个是如果做了，在这个新的项目中，自己能保持多大的竞争优势？"经受住种种挫折和考验后，马化腾在腾讯成立十八年的时候说："总的来说，我们十八年后回头看，最深的感受就是一个企业的责任，从最基础的让员工有所成长，让用户有很好用的产品，更关键的是如何能够在成长壮大之后带动生态的合作伙伴以及行业进行和谐的发展，以及如何解决平台上的安全问题。"一种强烈的社会责任感，一种鲜明的时代使命感，从他的话语里汩汩流淌出来，给闻者心灵的震撼。

在跌宕起伏、千折百回的创业道路上，精神灿烂者能够以苦为乐，能够笑中带泪，自我激励，所以才能化险为夷，柳暗花明。他们的成功，绝对不是仅仅凭借过人的好运，更是内心的坚守，对灵魂的百般捶打，才让生命灿烂绽放，成为一抹绝佳的景色。

目录

I

马化腾：白手起家的腾讯掌门人 ①

　　不论马化腾如何低调，也不能改变他成为新版硅谷传奇故事主角的事实。他的成功激励着许多狂热追求事业的年轻人。马化腾"三问自己"的经营理念与专注做事的工作态度中蕴藏着他的成功诀窍。

差点儿卖掉 QQ

　　在深圳大学读计算机专业的时候，马化腾的计算机水准已

---

① 2006 年 7 月 4 日，本书作者在《深圳特区报》以《白手起家依靠技术创新缔造了强大的"企鹅王国"，马化腾：随时"在线"接招微软挑战》为题发表了马化腾专访。本文在此文基础上进行修改，并增加了 2017 年 4 月 20 日补充采访的内容。

令同学刮目相看。1993 年大学毕业后，马化腾进入润迅做软件工程师，专注于寻呼软件的开发。

　　谈及做软件工程师的感触，马化腾说："许多技术人员往往对自己的技术能力非常自信，写软件只是互相攀比，而我希望自己写出的东西被更多的人应用，也愿意扮演一个将技术推向市场的小角色。"实用软件概念培养了马化腾敏锐的市场感觉，他和朋友合作开发的股霸卡在赛格电子市场就卖得挺火。

　　1998 年 11 月，一直想独立创业的马化腾与同学张志东合作，在深圳注册了腾讯计算机系统有限公司（简称"腾讯"），决定开发一个中文 ICQ 软件[1]。"要说我最困难的时期，就是创业之初。"马化腾回忆起最初的那段日子，"为了能让腾讯活下来，做网页、系统集成、程序设计，什么业务都敢接。刚开始不懂市场，做出产品向运营商去推销，也不太懂市场操作，

位于深圳市南山区深南大道 10000 号的腾讯大厦

---

[1]　一款即时通信软件。

经常被人拒之门外。那个时候感觉挺受挫的。但我想，我们要锲而不舍，经过不断尝试之后，总会有用户接受我们。"

后来，马化腾抱着试试看的心态把 QQ 放到互联网上供用户免费使用，就连他本人也没有料到，不到一年就发展了 500 万用户。在还没有盈利模式的情况下，QQ 的大量下载和暴增的用户量使年轻的创业者兴奋的同时，也让腾讯难以支撑。因为用户量增加就意味着要扩充服务器，而当时即使一两千元的服务器托管费也令马化腾不堪重负，他不得不四处寻求融资。

"在国内寻求融资无望的情况下，许多朋友都劝我卖掉 QQ，我开始和一些有意向购买 QQ 的公司进行了实质性谈判。但人家不理解我们的技术和无形资产的价值，说只能算一算我们有多少台电脑、多少张桌椅板凳可以卖。如果是那样，就怎么也不会有腾讯的今天了。谈判卖 QQ 的时候，我的心情非常复杂，一连谈了 4 家都没有达到我们预计的底线。在这种情况下，我们决定留下 QQ 自己养大。"

高交会带来好运

马化腾是如何解决创业之初的资金瓶颈的呢？他说，要感谢第一届高交会带来的好运。1999 年 10 月，首届高交会上，腾讯取得了第一笔风险投资——美国数据集团（IDG）和李嘉诚旗下的香港盈科数码分别给腾讯 110 万美元的风险投资，使腾讯有了赖以生存发展的资金基础。

马化腾说，在这届高交会上，还有一个重要收获，就是 QQ 意想不到地得到网民的欢迎，他于是受到启发，决心把 QQ 企鹅授权做成实实在在的商品。在这个思路指引下，腾讯成为唯一把互联网虚拟产品成功发展为线下实际商品的互联网企业。2000 年，腾讯开始开展 QQ 品牌及卡通形象授权业务，授权专业公司生产、销售 QQ 周边产品，从公仔到小饰品、服装等，全面开花。 QQ 企鹅迅速成为与米老鼠、唐老鸭、凯蒂猫媲美的新一代时尚娱乐符号。QQ 迷的疯狂抢购以及市场上一夜之间冒出的大量仿造品，有力地验证了这个经营思路的可行性。2005 年 3 月，腾讯独家授权郑州小樱桃卡通公司创作出版《QQ 漫画》。 马化腾说，卡通品牌形象授权是腾讯充分利用知识产权为知识产权增值的代表性业务。

"三问自己"的经营理念

马化腾说，每做一个业务之前，他会问自己三个问题。

第一个是这个新的领域自己是不是擅长？竞争对手对商务、利润、资本感兴趣，却不一定能把握客户的真正需求，"我们在做每一件事情前都要先了解自己的实力是否具备，而不是轻易投入"。

第二个是如果不做，用户会损失什么？"开发软件的意义就在于实用，而不是写作者的自娱自乐。我是个很爱网络生活的人，知道网迷最需要什么，所以为自己和他们开发最有用的东西。"

第三个是如果做了，在这个新的项目中，自己能保持多大的竞争优势？

马化腾说，经过这么多年的发展，事实证明，问自己这三个问题，能让腾讯走得更稳，也走得更远。生日 QQ 号、手机 QQ 号、结婚纪念日 QQ 号等，一切满足用户潜在需要的人性化服务，都得到 QQ 用户的普遍喜爱，腾讯的经营业绩也迅猛增长。

腾讯用七年多的时间，让即时通信形成一个庞大的社区化平台。2006 年，腾讯已经初步构建起 QQ、QQ.com、QQ 游戏及无线 3G 手机门户四大平台。那一年，马化腾坦言："我们非常清楚，在这其中，腾讯 QQ 是撬动整个腾讯体系的支点。目前我的精力不是单纯地放在某个业务上，而是在如何更好地布局腾讯的'在线生活'上。腾讯的事业就是'在线生活'，在此战略下的业务多元化只是我们专注地实现目标的一部分。"

那一年，他还没有预料到四年后诞生的微信将如何改变腾讯的生态系统。

专注连接与内容

从 2011 年 1 月上线，到 2014 年 1 月"抢红包"引爆，毫不夸张地说，微信的光芒掩盖了互联网领域里其他一切创新。到 2015 年 6 月，微信和 WeChat 合并月活跃用户数量达到 6 亿，覆盖了九成的智能手机，成为最大、最活跃的移动社交平台。此外，以"WeChat"为名的微信海外版在 200 多个国家拥有超过 1 亿的用户，在越南、印度尼西亚等东南亚国家是排名前三的社交应用软件。

QQ 作为腾讯的"发家产品"，经历了自我变革，向年轻化方向、娱乐社交方向演进，至 2017 年第四季度，活跃用户为 7.83 亿，其中约六成为 "90 后"，在移动互联网时代发挥着独特的连接作用。微信和 QQ 的齐头并进，让腾讯 "两条腿走

位于深圳南山区后海大道与滨海大道交汇处的腾讯滨海大厦

路”的整体布局成为可能。

2015 年 3 月，作为全国人大代表的马化腾在参加全国两会期间，第一次明确地提出腾讯正在专注的两件事情——连接与内容。

他说：“腾讯这一两年的战略做了很大的调整。第一个事就是我们把搜索、电商都卖掉之后，更加聚焦在核心，就是以通信和社交为核心，连接所有的人和资讯、服务。第二个事就是内容产业。就这么简单，一个是连接器，一个是做内容产业。”

腾讯希望借助“社交 × 内容”的网络效应，不断拓展新闻、阅读、游戏、动漫、影视、直播、电竞、体育等内容生态，让 UGC[①] 与 PGC[②] 彼此滋养，形成最有活力的 IP[③] 创生土壤，同时与合作伙伴一起，帮助更多优秀的 IP 获得跨平台、多形态的发展机会，打造更多具有广泛影响力的中国文化符号，让更多用户和年轻人，获得高品质的数字内容消费体验。

---

① 用户原创内容（user generated content）。

② 专业生产内容（professional generated content）。

③ 知识产权（intellectual property）。

【原音重放】

互联网发展进入深水区 腾讯更重视社会责任①

马化腾

非常荣幸第三次参加世界互联网大会。在这次互联网的企业家论坛，我们第一篇章就是谈责任。这让我很自然地想起刚刚过去的"双 11"其实也是腾讯 18 岁的生日。我记得我在朋友圈就发了一个消息，说已经 18 岁成人了，腾讯的责任就更大了，所以，跟今天的主题也是非常契合。

就在我们"成人礼"的内部论坛上面，我当时也公布了我们这次"成人礼"给全员持股的这样一个计划。我记得当时刷爆了朋友圈，我在内部的论坛上也跟同事们分享了我对责任的理解。因为当时主持人和我们的高管说，你们写一个词，对腾讯十八年来最大的感悟以及对未来的冀望是什么词？很多同事写了"创新"等很多词，我写了"责任"。所以，今天也借这

---

① 本文是 2016 年 11 月 18 日马化腾在第三届世界互联网大会上的演讲，原题为《互联网创新与企业责任探索》。

个场合，和大家分享一下我对"责任"这两个字的理解。

从腾讯十八年的创业过程来看，分了几个阶段。在初创时期只有几位创始人的时候，我们的责任中最基础的就是我们要能生存下去，能够让加入到我们公司的员工有一个安稳的职业发展的通道，以及最关键的是如何让我们互联网服务的用户满意。我们当时的产品就是 QQ，最简单的责任就是怎么让 QQ 的用户不掉线。在当时的网络情况下，能够顺畅地使用我们的网络服务，是我们当时一个最朴素、最基础的责任和感受。

第二个阶段就是在我们随着企业的发展壮大，到 2010 年的时候，大家知道腾讯庞大的即时通信平台上诞生了非常多的业务。可以说，那时候腾讯是比较封闭的，在整个社交平台里面，我们几乎无所不做。但是，当时我们自己没有觉得我们已经成长为大象了。我们觉得我们还要有很多的团队做各式各样的产品，而并不和外面生态的企业进行很多的交流。直到在 2010 年，我们才感受到其实业界（包括用户）对腾讯的期望更高了。因此，这个时候我们就反思，如果我们再不开放，基本上可以说是大树底下寸草不生，我们自己也走不远。这一次也是给腾讯的开放指出了一个新的方向。

　　所以说，在一个行业的发展过程中，我们的责任就是如何为整个生态开放出来，这样的话才有长期的发展。

　　第三个阶段就是最近的移动互联网这个大浪潮。这四五年，我们看到微信、QQ 已经成为中国数亿网民的一个信息基础设施，这里面承载的责任就更加巨大。虽然在十年前，当时在QQ 上面已经有很多的信息安全问题了，但是在最近这四五年，微信平台上面承载了更重大的信息安全责任。可以说，在这样一个新的环境下，我们肩负着更大的社会责任和平台责任。

　　我们的一个联合创始人张志东（Tony）在内部也发表过一个观点，其实我们 QQ 的用户在这十几年是一个缓慢的增长过程，很多用户是熟悉了很多信息安全的情况，但是在这两三年，大量的"小白用户"，我们的很多老人、孩子，他们已经跳过了 PC^① 互联网的时代，直接进入到移动互联网的时代，这里面很多的信息他们其实缺乏辨识的能力，所以这给我们平台提供商敲了个警钟，其实有很多关系到社会民生的安全问题已经是我们分内的事情，要做得更多才行。

---

① 　个人电脑（personal computer）。

其中有几方面，第一个就是关于整治谣言。腾讯建立了网站热线以及产品的举报渠道，及时处理公众举报的违法和不良信息。我们在今年处置的各种网民举报的不良信息 1700 万次，我们还搭建了微信的辟谣平台，引入很多专业机构，对各种违规的信息进行严格处理。大家都知道，刚过去的美国大选，像国外的 Facebook[①] 也有很多人抱怨，可能有 1% 的假消息，也就是大家说的谣言。其实现在国际上也开始对这种谣言在社交网络中的传播重视和关注起来。在中国，这个情况我们一直是抓得非常严，而且也是非常有必要的。

第二个就是反电信诈骗。大家知道，在今年这是一个热点，但是它实际上存在了非常多年。正是因为发生了几起恶性事件以后国家高度重视，从运营商到银行、互联网，进行了实名制以及各种强有力的打击。腾讯其实也在这方面做了大量的工作，开发了鹰眼盒子和麒麟系统，从各个角度来进行反电信诈骗的工作。

第三个是我们的公益。腾讯在十年前成立了互联网第一个

---

① 脸书。

公益基金，我们通过这个平台能够和社交网络把数千家 NGO[①]
和网民连接起来，也发起了"99"公益日。我们希望这个能成
为全行业、全社会的网络公益平台。

最后，总的来说，我们十八年后回头看，最深的感受就是
一个企业的责任，从最基础的让员工有所成长，到让用户有很
好用的产品，更关键的是如何能够在成长壮大之后带动生态的
合作伙伴以及行业进行和谐的发展，以及如何解决平台上的安
全问题。这次大会上，微信也领到了一个科技成果的奖项，我
觉得这是一个鼓励，也是一种责任。可以说，中国互联网已经
发展到下一片深水区，没有太多的参照物，所以也希望我们互
联网从业者要从更高、更严的角度来要求自己，不断努力地探索。

谢谢大家！

---

① 　非政府组织（non-governmental organization）。

【人物档案】 ● 马化腾

马化腾，1993 年取得深圳大学理学士学位，主修计算机及应用专业。腾讯主要创办人之一，现任腾讯董事会主席兼首席执行官，全面负责公司的战略规划、定位和管理。2018 年入选"改革开放 40 年百名杰出民营企业家"名单。

陈清州：从华强北走出的"全球专网巨头"

从模拟到数字，再到如今的宽窄带融合，成立二十余载的海能达通信股份有限公司（简称"海能达"）蓄势待发，抓住全球专网行业技术转型升级的机会迅速崛起，成为世界第二大专网通信解决方案及设备供应商，是能够与著名跨国公司在无线通信领域分庭抗礼的唯一中国企业，逐渐确立起在专业通信领域的全球领先地位。

海能达的领军人是出生于福建泉州的陈清州，一位白手起家的民营企业家。陈清州感慨地说："近三十年来，我只在对讲机行业里耕耘。"

唯一出路就是超越模仿

陈清州虽然在家里排行最小，但由于家境贫寒，从小培养了吃苦耐劳的好习惯。18 岁时，他开始推销对讲机；21 岁时，他已拥有一家属于自己的对讲机专营店。

在生意最红火的时候，陈清州毅然关掉专营店，前往深圳开拓新事业。在他看来，当时的深圳是一片最适合创业的热土。

经过一段时间的积累，1993 年，陈清州注册了深圳市好易通科技有限公司（后更名为"海能达通信股份有限公司"）与商标"HYT"（后更名为"Hytera"），开始科技创业之路。他说，当时没有注册中文商标，朦朦胧胧觉得"HYT"这三个英文字母的商标在国内外都可以使用，"也许，要把产品卖到国外去是我的潜意识，成功就来自这种潜意识吧"。

深圳良好的产业环境为陈清州创立民族品牌的理想提供了沃土。1995 年，陈清州的公司自主研发出第一款产品，并顺利通过电子工业部移动通信产品质量监督检测中心的检测，填补了当时国内空白。两年后，HYT 对讲机产销量一下超过 2 万台，占当年国产对讲机产销量的一半。2001 年，TC-208/308 系列手持无线对讲机获深圳市科技进步二等奖。2008

年，海能达从技术领先发展到技术领导。如今，海能达已经是全球领先的专网通信解决方案及设备供应商，也是极少数能同时提供 PDT①、DMR②、TETRA③ 全系列产品及解决方案的企业。

陈清州说，中国企业走出国门的唯一出路就是超越模仿，进行创新，因此海能达始终把自主创新作为企业发展的不竭动力。在专网通信领域的相关技术上，海能达已形成一系列突破。系统与终端有机集成的整体产品，是"海能达"品牌区别于其他品牌的最大优势。可以说，海能达的研发历史见证了中国对讲机行业的发展：全球第一台可收发中文短信的智能型对讲机；第一台国产高端对讲机；第一台具有自主数字信令的国产对讲机；第一台国产 TETRA 数字集群对讲机；第一台国产防爆对讲机；全球第一台 IIC 级④ 防爆对讲机；全球第一台 ia 级⑤ 防爆对讲机；在香港发布宽窄融合多模智能终端。在无

---

① 专业数字集群标准（professional digital trunking）。

② 数字移动无线电标准（digital mobile radio）。

③ 陆地集群无线电标准（terrestrial trunked radio）。

④ 一种爆炸性气体环境用电气设备类型。

⑤ 本质安全性防爆电气设备的安全程度分为 ia 级和 ib 级。其中，ia 级指在正常工作、一个故障和两个故障时均不能点燃爆炸性气体混合物的电气设备。

线系统方面，海能达是我国首个具有自主知识产权的 PDT 牵头制订单位，同时还打通产业链，是全球少数拥有终端到系统研发制造能力的企业，能够承建大规模系统联网工程。截至 2017 年，全国 70% 以上的警用数字通信市场和近 1/3 轨道交通通信市场采用海能达的系统设备，产品及解决方案遍布 120 多个国家和地区。

在加强技术创新的同时，陈清州强调要不断提高公司的快速响应能力。鉴于自身技术积淀深厚，海能达将加密、录音、集群等基本功能打包成"技术货架"，每开发一个新产品或客户有新的需求，工程师都可随手从这个"货架"中选用其中某一项技术或产品，进行组合和再次加工，并在此基础上开发出新功能，快速满足客户的需求。

有一次，美国森林防火部门需采购大批对讲机。陈清州得知后，迅速派人驻扎美国，了解到在救火时经常发生救援人员被浓烟熏得窒息晕倒，甚至葬身火海的事故。根据这个情况，海能达研发中心从"技术货架"上选取技术，在对讲机上增加了"倒地报警"的功能，一旦救援人员晕倒在地，对讲机倾斜超过 45 度，就会以最大的声音自动报警，使救援队伍及时增援。

陈清州在海能达 2017 全球峰会暨智慧融合专网新品发布会上演讲

同时，海能达又结合美国注重法庭取证的特点，给对讲机增加了"倒地自动录音"的功能。凭借这两个基于客户应用的创新，海能达成功打败美国与日本的竞争对手，获得美国森林防火部门的订单。

2004 年 9 月，海能达投入巨资建设的中国最大的专业无线通信产学研基地投入使用，基地下设三大研发中心——深圳市专业无线通讯工程研发中心、深圳市企业技术中心，以及与哈尔滨工业大学联合成立的集群研究中心；同时拥有三大实验室——高频实验室、通用标准实验室、环境工程实验室。这些都为海能达进一步从事技术创新提供了坚实的基础。陈清州不遗余力地推崇创新，帮助海能达穿越了冰与火的考验，逐渐用过硬的技术和产品赢得了口碑，赢得了越来越大的市场份额。

用"国际化"突围

1997 年，海能达开始批量生产对讲机，随后有很多企业跟风，大打价格战，对海能达的市场威胁很大。

陈清州回忆，1998 年他去美国考察，在买可乐时发现一罐要 2.5 美元，近人民币 20 元，他当时想，看来外国人的钱比较容易赚。自那以后，他心里一直想寻找机会，把产品卖到国外赚外汇。

1999 年的一天，一位韩国客商到海能达做商务交流。陈清州很惊讶，这家只有 32 名员工的韩国企业居然把产品卖到很多国家。韩国客商说，公司从成立之初就把全球市场分成几块，有专门的销售人员分块去攻市场。陈清州说："从韩国老板那里，我们学到了如何分区域打海外市场。我们公司里再也没有'出口'这个词，而只说产品销到哪个区域。"

对很多民营企业而言，进军海外市场可能仅仅是一个梦想。

而陈清州却不认为有什么困难，他认准一个理儿，就是产品做好了自然大家都会买。于是，他抓住一切机会推销海能达的对讲机。比如，借助国际味越来越浓的高交会，把业务从"家门口"做到了海外，并引来业内国际巨头的关注。第三届高交会，海能达赞助了组委会200多台对讲机，同时租下一个9平方米的展位。来自美国的一家老牌对讲机厂商注意到组委会工作人员手持的对讲机，顺藤摸瓜找到海能达。经过两个月的磋商，双方签下了海能达成立以来最大一笔外销单：该美国厂商买断了海能达两个型号对讲机在美国此后几年的销售权。海能达的海外销售终于实现了零的突破，当年海外销售额达到400多万美元。

海能达尝到了国际化的甜头后，正式确立了国际战略。一方面通过海外参展、海外竞标等渠道抓"洋客户"；另一方面加快构建全球化的营销体系，加快本土化运作步伐。

陈清州认为，国际化运作应将专业化与本土化结合起来，让本土化来促进专业化的服务。之后，海能达相继在美国、英国、印尼、俄罗斯、印度等国家设立分公司或办事处，在当地开始本土化的深度耕作。2006年春天，海能达投入巨资，收购美

2017 年 CCW（世界应急通信大会）海能达展台，客户对海能达的产品赞不绝口

国 MK 公司 50％的股份。MK 公司拥有遍布美洲的销售网络，尤其在南美洲的品牌知名度非常高。而且，该公司在美国设有组装厂，员工专业技术水平较高。收购之后的公司将负责在巴西设立一家组装厂。

陈清州介绍，完成收购后，海能达深圳总部将扮演制造商与技术提供商的角色，而美国分公司的主要任务是使分销服务本地化，并把当地最先进的技术信息与客户需求反馈回深圳，深圳总部再根据市场需要，研发新产品销往美洲。

不小心把企业做大了

2003 年，海能达通过收购国内最大的数字集群设备供应公司侨航，完善企业内部的上下游产业链条，成为国内最大的警用通信设备提供商。陈清州介绍，海能达收购侨航不到两年，已使侨航的销售收入翻了数倍，并收回当初收购所花费的全部资金。

侨航是国内最具规模的集群系统、终端、数传和网络方面的制造销售商，但给客户提供的对讲机终端却是洋品牌。2002 年年底，陈清州开始接触侨航高层，希望能给侨航客户提供国产对讲机，但是谈判进行得并不顺利。由于侨航与海能达的产品是上下游关系，在产品线上互补，如果整合成一个公司，就能为客户提供全系列产品，使客户用更少的钱买到更好、更齐全的产品与服务。因此，陈清州决定收购侨航。

2003 年 4 月，陈清州以理想的价格成功收购侨航 100% 的股份。被收购后的侨航，拥有工程研发人员 200 人，加上海能达对讲机这一终端产品的补充，在国内集群设备市场上所向披靡，其优势业务——警用集群通信系统更是在湖南、广西、云南和浙江等地频频中标。

在全球集群市场从模拟转向数字的趋势下，海能达更是成为全球数字集群产业的积极参与者与推动者。海能达拥有多年海外销售的经验，与侨航销售渠道有互补优势。从 2004 年开始，海能达把国内成熟的模拟集群技术出口到发展中国家。2005 年，海能达海外销售额首次超过国内销售额，仅上半年就中标美国邮政局、美国军队、孟加拉国警用集群通信系统等项目，销售总额为 1000 多万美元。

陈清州说，海能达成功收购侨航，完善企业内部的上下游产业链条，奠定了海能达在集群通信领域的领军地位，而坚持走国际化道路则为海能达成为全球化大企业打下基础。他笑言："我不是一个有雄心壮志的人，只是不小心把企业做大了而已！"

"迎娶"德国"高富美"

2012 年，海能达决定收购具有技术优势的德国老牌企业罗德施瓦茨公司的子公司 PMR，并将其打造为海能达在德国的子公司。罗德施瓦茨公司在制定及实施专业无线电领域已有三十多年的历史，是世界领先的 TETRA 和 DMR 无线电系统厂商，同时也是海能达 TETRA、DMR 和模拟集群设备可靠的供应商。

对于陈清州来说，收购早已驾轻就熟。如前文所述，早在 2003 年，海能达就成功收购侨航，完善了企业内部的上下游产业链条，完成对讲机终端与集群通信系统的资源整合，丰富了产品线。

确定收购 PMR，逻辑也跟收购侨航如出一辙。PMR 跟海能达在四个方面非常匹配：第一，业务匹配度，海能达擅长终端，PMR 擅长系统，两者结合可以为客户提供从系统到终端的综合解决方案，进一步完善产业链；第二，海能达拥有低成本的优势，收购后可将 PMR 的生产转移到中国来，降低成本；第三，PMR 的技术研发能力强，海能达的营销能力好，这也是业务匹配度的一种体现，两者结合可以互相补齐短板；第四，中国公司无法大规模进入欧洲安防及公用事业通信市场，PMR 是海能达攻入欧洲市场的一个跳板。

为了顺利完成这次海外收购，在"迎娶"PMR 之前，陈清州已经做了很多铺垫：在这一年多的时间里，他尝试跟 PMR 的管理层做了很多沟通，让对方对海能达的专业度、营销能力和背靠的中国市场产生认可。"收购时，得到管理团队的支持非常关键。在收购之前，你必须跟管理团队达成共识，获得管理团队的理解和支持，这对海外收购非常关键。"

国际化经营的经验模式

得知被中国企业收购时，由于一些先入为主的刻板印象，PMR 的部分员工抵触情绪强烈，甚至打算离职。收购之后的前三个月里，超过一成的员工提出辞职。"他们当时担心三个问题：一是资金链断裂；二是技术转移；三是裁员。"陈清州说。

针对这些担心，在收购初期，陈清州就拿出 1000 万欧元维持德国子公司的运营。"我们在资金方面是非常顺畅的，没有出现资金链的问题；我们也没有主动去裁员，而是让德国人管理德国人。并购不是强压式管理，而是通过深入沟通建立互信机制，达到产品和技术优势叠加的效果，真正实现 1+1>2 的并购效果。"

"国家之间的文化差异真的是非常深刻，中国企业进行海外收购一定要重视这个问题。"陈清州深有体会地说。在后来的具体经营中，双方也有过互相不理解的情况，"比如我们不理解德国人为什么不允许老板自主决定年底对优秀员工进行物质激励"，而德国员工一开始也不明白为什么要频繁调整产品销售价格，不适应母公司的高频决策的出台。

几年下来，陈清州总结出一套科技类企业通过海外并购进行国际化经营的经验模式：其一，在充分发挥国外子公司研发优势和中国企业营销优势的同时，要强化产品的本地化，根据当地市场情况对产品和服务进行相应调整，取得消费者信任；其二，本地人经营本地市场，"欧洲的市场就交给欧洲人去经营开拓"；其三，一定要重视中国本土市场，这是根基所在。

"大家来自不同的文化，如果简单粗暴地将国内管理企业的模式硬套在国外并购企业身上是要出问题的。通过思想的碰撞、交流，能够形成很多融合性的看法，有利于创新和企业成长。"陈清州说。

收购之前，PMR 有 106 名员工，而 2017 年已经增加到 200 名以上。2011 年到 2015 年，海能达的销售收入从 12.4 亿元增长到 24.8 亿元，其中就有收购 PMR 带来的贡献。2016 年，在全球市场，海能达终端产品出货量排名已经上升至世界第二位，仅次于盘踞第一位多年的摩托罗拉。

即使企业发展到今天的规模，陈清州仍然保持着勤奋而低调的本色。他曾对全体员工语重心长地说："当前国际、国内形势依旧非常严峻，各国政府对公共安全保障的需求越来越强烈，信息化、网络化、宽带化趋势明显，对产品系统的技术要求也越来越高，专网行业逐步从传统 2G 时代迈向 4G 时代。这对海能达而言，既是一个重大责任，也是一个战略机遇。"

【 原音重放 】

新跨越：决胜 2016[①]

陈清州

利用星期六半天时间，与全体管理干部做个交流，主题和今年公司年会讲话主题一致——"新跨越：决胜 2016"。今天主要谈论三方面内容：一是 2015 年公司整体情况；二是如何把握新的机会窗口；三是干部管理和人才问题。

一、2015 年公司整体情况

总体来看，去年海能达的整体业绩、人才引进、员工稳定性都是公司历史上最好的一年，去年也是团队最具战斗力的一年，全年公司业绩高速增长，总体上各部门均达成收入目标。

在销售方面，公司在大项目上发展很快，荷兰 C2000 项目是公司历史上金额最大的订单，TETRA 业务经过数年潜心经营获得稳定发展，业务范围新增十余个国家；重庆公安局

---

① 本文是陈清州在海能达 2016 年第一季度管理干部大会上的讲话。

PDT 系统建设项目二期工程进展顺利，PDT 业务的订单量迅猛增长；在中东、非洲等区域也成功突破，赢得了多个大项目。

在研发方面，宽带技术、智能终端、宽窄带融合进展比较顺利，产品技术保持着相对的领先优势。

在人才引进方面，成效显著，员工稳定性良好。2015 年，公司非操作类员工（包括应届生和社会招聘员工）净增约 700 人，为历史之最，引进人才的数量和质量都有了明显提升。在员工稳定性方面，2015 年员工总体离职率约为百分之八，团队很稳定，特别是第一期员工持股计划所覆盖的员工，离职率只有千分之五，激励效果显著，关键核心人才稳定性显著加强。

值得自豪的是，团队战斗力大大增强。公司团队，特别是几个营销部门在各条战线上都取得了非常好的业绩，海外销售部执行力非常强，业绩十分突出，业务和产品领域也拓宽了很多，为未来发展打下了良好基础。

二、如何把握新的机会窗口

很多企业在发展到一定阶段后就止步不前，一个重要的原因就是错失了关键性机会——要么是机会来了看不到，要么看到了机会却犹豫不决。

纵观海能达二十多年的发展，经历了三个重要的发展时期，在每一次发展中，我们都抓住了至关重要的机会。

第一次的发展靠我们坚定地投入对模拟对讲机的研发，在模拟时代奠定了良好的基础。至今，我们的产品销售收入中还有一定的比例来自模拟产品。

第二次的发展靠我们在 2006 ~ 2008 年适时抓住数字对讲机发展的机会窗口期，在 DMR 系列产品上精准投入，迅速发力。开始从模拟转数字的时候，大家还在争论数字产品有没有市场，但我们下定决心开发，后来成功地推出了这些产品，并在市场上占据了明显的优势。

第三次的发展靠我们在 PDT、TETRA 终端和系统的开发。由于前期布局比较超前，现在我们的优势非常明显，公司策略的效果不断显现。特别是在 PDT 系统的标准制定和产品开发方面，2008 年我们在并无完全把握的情况下挺身而出，第一个响应公安部的号召，经过艰苦努力，于 2010 年发布自主研发的 PDT 产品，并推动 PDT 标准的制定和实施，获得国家的认可。等其他竞争对手意识到 PDT 时代即将来临时，却为时已晚。

从公司多年来的发展历程来看，我们要想持续发展，首先有赖于精准的战略定位，并在此基础上快速反应，抓住机会。当前我们要看清形势，深入思考，把握新的机会窗口。根据当前的形式分析判断，下一个机会窗口就是宽带、智能终端、综合指挥调度中心，且相应的时机日趋成熟，这也是我要提出"决胜2016"的主要原因。近年来，我们在这些方面的积极布局，未来将会给公司带来很大的变化。

要抓住新的机会窗口，我们需要大量资金和人才。资金来源主要依靠销售收入，因此确保2016年销售收入目标的达成仍然是关键中的关键。

三、干部管理和人才问题

往年我很少专门讲干部管理和人才问题，主要原因是前期公司的发展战略以"技术紧跟"为主。目前，我们既然要在专网通信行业发挥"技术引领"的作用，并实现2016～2018三年战略规划的跨越式大发展，必然会面临更大的挑战。为了抓住新的机会窗口，应对更激烈的竞争，我们的产品线策略、产品创新策略、竞争策略、人才策略都必须改变，这样才能为未来几年的发展打下更好的基础。

要解决公司持续发展面临的各种问题，最根本的还是要靠人才、靠干部。人才是公司发展的核心，干部是公司的中流砥柱。在未来几年的战略机遇期，人才是关键，干部是关键。

要抓紧做好专业人才和优秀干部的引进、培养。专业人才是对行业和技术有深入研究、对市场和用户有深刻理解、有创新思维和国际视野的人才。这样的专业人才，仍然非常紧缺。今年，我们一方面要从外部积极引进专业人才，另一方面要从公司内部把后备的专业人才尽快筛选出来，加强锻炼，加紧培养。

根据公司三年发展规划，2018年公司非操作类员工人数将会比现在翻一倍。随着公司的快速发展，干部资源将非常短缺。2016～2018年平均每年需要通过外部引进及内部培养的方式新增近百名干部。因此，从现在开始，我们要抓紧选拔、培养后备干部，使一批优秀干部脱颖而出。

要进一步完善专业人才和干部选拔、任用、考评等机制。

第一，不要论资排辈。无论年龄大小、司龄长短、资历深浅，只要他有决心、有能力，愿意承担责任，敢挑重担，公司就可以提供机会给他去带领团队，研发产品，攻打市场。

第二，尽可能地宽容失败。这里说的失败，是已经尽了最大努力，只是由于对问题的理解和判断不足而导致的失败。这样的失败，比不作为要好很多。公司鼓励那些主动尝试、失败后积极总结经验的人，只要有越挫越勇的决心，就要给他们提供更多的机会。

第三，用人的眼光、思维要更开放。不一定讲求专业出身，很多人能成功，关键是因为有决心去做事，而非有经验。不怕不懂，只要有决心、有基本的能力，我们就要给他们更多的机会，让他们成长。

加强人员跨部门流动。让有价值、有能力、可培养的人才跨部门流动起来，特别是对一些优秀干部、人才开放机会，让他们"走出去"，包括到业务一线锻炼，参加研讨会、展会……这些都是开阔视野和思维、理解用户和市场、提升业务和管理水平的好方法。

对业绩表现一般的干部和员工要加快调整步伐。我认为，优秀是一种习惯，如果干部、员工在公司已经工作了两三年，在考评中从来没有拿到一个"S"或"A"[①]，没有得到过公司的表扬、嘉奖，就要坚决予以调整。

虽然每年公司的人均销售收入都有所提升，但是我们距离业界领先企业还有较大的差距，公司的成本压力依然很大，所以我们要把职位、资源和机会留给更有价值的干部和员工。

不搞平均主义，在资源、绩效分配上，向更优秀的人倾斜。近两三年销售队伍的激励分配发挥得比较到位，其他部门也要有相应思路，加强激励机制建设。

公司鼓励大家积极创新，贴近客户，做好业务，研发和平台部门一定要全力支撑一线的工作，快速响应一线，倾听客户的声音，研发出更好的产品。

只要是对公司业务发展有突出贡献的人，都要"论功行赏"，在干部调动、培养发展、股票、股权、加薪、奖金等分配上必须向优秀者大幅度倾斜，上不封顶。坚决不搞平均主义，不要怕某些人抱怨和提离职，我们要让业绩好的员工干得更开心、更投入。

---

① 绩效考核等级中，"S"为优秀，"A"为优良，"B"为合格，"C"为须改进，"D"为完全不及格。

要用好考评机制。考评（包括季度考评和年度考评）是评价员工和干部的重要依据。公司规模越大，越要用好考评工具，并且和加薪、奖金等机制挂钩。要按规定以一定的比例进行考评，拉开绩效考评的差距。对于业绩突出的员工，要坚决打"S""A"并进行激励；对于不胜任的员工，要敢于打"C""D"，并坚决进行处理。

要实事求是地评价员工。不要以领导的个人喜好、员工是不是会说话、是不是会处理人际关系等作为评价的依据。只要工作业绩突出，就是公司的好员工，就是我们要奖励的对象。

要强调"唯业绩论"，不要强调和强求全才。我认为，所谓的全才很可能是庸才。一个人的时间、精力有限，能在一个细分领域里把工作做到很好已经非常不易；各级干部在用人方面对员工不要求全责备和盲目追求全才。

要进一步总结公司的人才观念，并且固化到公司管理体系中去。同时，干部和人才的培养、考评、激励等政策都要逐步加大调整力度。

决胜 2016，就是要抓住新的机会窗口，应对更加激烈的市场竞争，实现新的跨越。运营公司就像打游戏，过完了一关，下一关会更具挑战性。2016 年，我们要继续保持去年那种非常好的发展势头，更加紧密团结起来，爆发出更强的战斗力，从一个胜利走向另一个新的胜利。

【人物档案】 ♀ 陈清州

　　陈清州，海能达通信股份有限公司董事长兼总裁。1965 年 11 月生于福建泉州，18 岁接触无线通信，21 岁拥有属于自己的专营店。1993 年创办国内首家对讲机民营企业——海能达通信股份有限公司。

饶陆华：从拉煤工到世界能源服务商①

他年少时曾在江西丰城煤矿当过拉煤工，大学毕业后闯荡深圳，在一家工厂当过销售员。就是这样一位年轻人，创办了深圳市科陆电子科技股份有限公司（简称"科陆"）。

他，就是科陆创始人、董事长饶陆华。

2007年3月，科陆正式登陆深圳中小企业板。今天的科陆已经是一家扬名海内外的世界级能源服务商，业务涵盖了新能源、电动汽车生态圈、智能电网、产业园区能源智能服务、智慧工业、智慧城市及能源金融等领域。

① 饶陆华接受采访的时间为2017年11月。

不读书肯定不行

饶陆华在高校与大学生分享他的创业经历、商业哲学时，从不讳言当年上大学、下海时要赚钱的欲望。"这并不是可耻的事情，靠自己的劳动、智慧、勤奋赚钱，很光荣。"这与他早年的经历不无关系。

1965 年，江西省丰城梅林一个子女众多的贫困农家迎来了一名男婴，他是家里最小的成员，父母给这个儿子取名"陆华"。父母守着几亩薄田，饲养一些家畜，从年头忙到年尾，家里也只能勉强糊口。饶陆华的哥哥、姐姐只能早早辍学，在家务农。

读小学时的每个暑期，饶陆华都要和家人一起投身紧张的"双抢"，劳动强度大，也很苦，那时他就暗暗发誓：一定要改变贫困的命运。而在那时，农家孩子改变命运的唯一途径就是发愤读书。

然而，上初中的时候，父母因为年迈再也无力继续供饶陆华上学了。饶陆华明白，如果辍学，那就永远无法摆脱贫穷的命运。为了改变命运，必须坚持读书。于是他说服父母，暑期到附近的煤矿当拉煤工，希望通过自己的双手挣学费。

在几百米的斜道上，身材瘦小的饶陆华每天不知要拉多少煤出去。尽管手掌和肩头磨出了血泡，读书的强烈渴望却支撑着他一步一步前进。当饶陆华拿着辛苦挣来的钱疲惫不堪地回到家时，双亲心疼不已，决定无论如何也要供他读书。

然而，命运之神偏偏给饶陆华开了一个天大的玩笑。1984年，饶陆华在拖船中学读高中时患上了胸膜炎和结核性视网膜炎，险些失明。他忍着病痛参加高考，成绩过了本科录取线，却因为体检不过关没能考上理想的大学。虽然有机会到一家师范专科学校学习，但饶陆华并没有接受这个在周围人看来很不错的选择。

坚强的饶陆华在身体痊愈后选择了复读。1985年，饶陆华如愿考取了哈尔滨理工大学，攻读工业管理工程专业。学校和专业都是饶陆华自己选择的，他非常珍惜这个来之不易的求学机会。

在大学期间，饶陆华一边勤奋学习，一边热心参与社会活动。1989年7月，饶陆华从哈尔滨理工大学毕业，获得了工学学士学位。

饶陆华曾多次说："读了书不一定行，但不读书肯定不行。"

正是在学生时期形成的这种积极的学习观，为饶陆华创造辉煌的事业奠定了文化和思想的基础。直到今天，饶陆华仍然一如既往地热爱读书和学习，不论工作多忙，他每年阅读的书都不少于 30 本，内容涉及经济管理、市场营销、政治文化，乃至哲学、宗教等领域。

不能空着手回去

大学毕业后，饶陆华被分配到电子工业部下属的武汉 710 军工厂，这在当时是一份人人羡慕的稳定工作，工资不高，但很安逸。习惯拼搏奋斗的饶陆华对此却感到极不适应。他暗想："每个月 50 多元的工资，买个冰箱，买个彩电，再买个洗衣机，要用足足十年时间。倒不如趁现在年轻，下海到最具活力的经济特区去闯一闯、拼一拼，说不定能成就一番大事业。"

1991 年，阳春三月，26 岁的饶陆华向同事借了 300 元，只身南下，来到充满发展机会、欣欣向荣的改革开放前沿阵地深圳。

饶陆华来得正是时候。1990 年 12 月 1 日，深圳证券交易所开始营业。1992 年春天，中国改革开放总设计师邓小平发表南方谈话。饶陆华知道自己的人生将翻开一个全新的篇章。

但是，刚到深圳时，饶陆华却是迷茫和焦虑的。记得火车抵达深圳时，夜幕降临，华灯初上，深圳火车站外，罗湖口岸周边，高楼林立，霓虹闪烁，尽显这座年轻城市的风采与活力。环视陌生的城市和人群，饶陆华突然感到一阵迷茫……果然，十几天下来，饶陆华一无所获，带来的钱也所剩无几。

拖着疲惫的身躯走在大街上，想着武汉舒适的生活，饶陆华心头涌上酸涩和失落。他给自己暗暗鼓劲："既然来了，就不能空着手回去。再坚持一下，一定可以找到自己的发展机会！"

几天后，饶陆华终于谋得一份工作，在宝安区的深圳市胜利仪器有限公司（简称"胜利仪器"）当销售员。这是一家专门生产电力系统测试仪表的企业，当时仓库

2016 年 11 月 1~ 4 日，上海 2016 亚洲国际
物流技术与运输展览会上的科陆展台

里积压了很多产品，急需有人来把库存销售出去。

也许，销售员在别人眼里只是个不起眼的苦差事，可在饶陆华看来，这个销售产品的工作机会十分珍贵，因为销售工作最能锻炼人的各种能力，未来也具有很大的发展空间。

他把全部精力和激情都投入到销售工作中去。凭借非凡的胆识和工业管理工程专业的学识，饶陆华销售了不少产品。第一个月，饶陆华就领到了400多元工资，这是在武汉工作时工资的5倍。他内心非常激动，体会到勤奋工作的成就感，于是加倍努力地摸索与积累经验，不断提升销售业绩。

从这时开始，饶陆华的人生就没有离开过电力设备行业，而一个偶然的选择帮助他开启了精彩的创业人生。

1992年10月，经过与胜利仪器董事长协商，饶陆华被授权为胜利仪器的代理销售商。借胜利仪器的牌子，饶陆华专门做起了仪器仪表的代理销售业务。

颇有经商头脑的饶陆华认识到，经商初期要给客户展现足够的实力，于是花重金在深圳最繁华地段租了几间房子，让客户一进门就有信任感。诚信是根本，饶陆华尤其重视诚信经营，让客户对产品及服务都非常满意。1993年，饶陆华的代理销售额竟然奇迹般地突破 2 亿元，纯利润超过 100 万元。

"当销售员的那段经历给我带来意想不到的收获，我掘到了创业路上的第一桶金。"饶陆华不仅完成了财富的原始积累，更重要的是摸透了市场究竟需要什么样的产品，并且逐渐坚定要自己研制电力设备的决心。

"1992 年邓小平南方谈话后，中国经济发展加速，用电需求不断增加，电力系统测试仪表及配电自动化产品的市场需求迅猛增长，但国内众多企业生产的电力设备因技术含量不高，大都属低端产品，要求高的用户只能从国外进口价格昂贵的高端产品。然而进口高端产品的操作界面、使用方式并不适合国内客户的需要，存在着较大的市场空白。"饶陆华回忆，"如果我能填补这一市场空白，研发出适合中国用户需求的高端产品，发展前景一定远远超过单纯做销售代理。"

发现了自己的使命

奥地利作家斯蒂芬·茨威格曾说："一个人生命中最大的幸运，莫过于在他的人生中途，即在他年富力强的时候发现了自己的使命。"对于饶陆华来说，在三十岁出头就发现了自己的使命，决心用技术创新实现产业报国的梦想，是莫大的幸运。

1996 年 8 月，饶陆华和四位志同道合的伙伴，创办了深圳市科陆电子科技股份有限公司，开始了真正属于自己的事业。

1996 年年底，科陆的变送器检定一体化装置 CL 301 研制成功，并于 1997 年推向市场。该产品采用独创的标准功率源输出技术及一体化结构，一问世便引起市场广泛关注，得到了国内电测行业和用户的认可，订单纷至沓来。很快，科陆就奠定了市场基础，并一步步巩固和扩大市场份额。1997 年，科陆销售额超过 700 万元。

"CL 301 是变送器检定一体化装置。以前变送器是几个仪器拼到一起，但是利用我们独创的标准功率源输出技术，科陆可以做到通过一个产品即可检定变送器。我们的注册资本是 100 万元，但投入的远远不止 100 万元。为了研发设备，我们将当时的家当基本都投入进去，创始团队的全部研发人员也投入其中。"饶陆华一说起技术创新就滔滔不绝，他认为只有通过真正的技术创新才能赢得用户的认可，也才能为社会创造价值。

科陆以电测产品起家，在标准表和标准源技术方面达到世

位于深圳南山区的科陆总部大厦

界领先水平，由此拓展的智能电表技术发展成高级量测技术体系（AMI），又在此基础上拓展到电力系统和新能源领域，在智能配电、新能源微电网、光伏发电、风力发电、分布式储能和电动汽车充电等领域都拥有自己的创新产品和核心竞争力。

2001 年，科陆成功研制生产了国内第一台 0.2s 级电子式多功能电能表，打破该产品一直依赖国外进口的局面。

2002 年，科陆成为业内第一家设立企业博士后科研工作站的民营企业，独立开发、自主研制生产了 100 多种产品，涵盖用电自动化系统、电子式电能表、标准仪器仪表、电力操作电源、节能变频器、无功与谐波补偿等六大类。

2005 年，科陆研发集抄系统、自动化抄表系统，通过GPRS^①/ 载波等通信手段实现了自动化抄表，取代了原先的人工抄表，也使得公司的业务逐步扩大。

生死存亡之际的救命钱

做研发是最值得骄傲，也是最烧钱的事情。饶陆华也遇到很多创业者会遇到的难题——资金瓶颈。

科陆创办之初，在研发高端电测产品上投入巨大，资金周转十分困难。陷入困境的饶陆华召集全体员工开会，将面临的资金困境如实相告，同时特别强调研发项目成功后将给公司带来难得的发展机遇，期待大家一起携手面对，共渡难关。饶陆华发起倡议后，员工纷纷表示愿意集资。饶陆华当即承诺："所有集资都将获得 30% 的年息回报。"100 多名员工全部参与了集资，总额超过 200 万元。科陆因此顺利渡过难关。

———————————

① 通用分组无线服务技术（general packet radio service）。

后来，科陆的高端电测产品推出后得到市场认可，效益特别好，饶陆华给每个员工发了一笔丰厚的奖金。管理层有人建议，员工已领到了薪水和奖金，返还集资时就不用再兑现 30%的年息。饶陆华说："小企业靠老板，大企业靠管理，优秀企业靠文化。我们要想办成优秀的企业，就要特别注重建设优秀的企业文化，而注重诚信、尊重人才、创造快乐，则是企业文化中不可或缺的组成部分。"他将 30% 的年息一分不少地兑现给参与集资的员工。

饶陆华坦诚地说，在创业的艰难时刻得到了各路贵人的帮助，"当时民营企业贷款十分困难，我们求助了多家银行，非常感谢当时建设银行为我们提供了 500 万元的贷款，这是科陆生死存亡之际的救命钱。一路走来，不少银行以信用的方式给我们贷款，支持和帮助我们创业，我们一直非常感恩"。

深圳市科技行政主管部门曾给科陆 50 万元扶持经费，那也是雪中送炭。后来，深圳市科创委、发改委、经信委出台了一系列扶持政策，使科陆享受到了各类政策优惠，不但缓解了研发费用的压力，也坚定了发展壮大的信心。饶陆华说："科陆的发展壮大，离不开深圳的创业环境、投资环境、政策环境，深圳市政府的服务和引导，讲求深圳质量、深圳速度。深圳不愧为国内创新之都、科技创新的'硅谷'！"

高速发展时期的新布局

2014 年，格尔木特变电工新能源有限公司
格尔木 20MWp 并网光伏发电

科陆在行业内的崛起引来了投资者的关注。2000 年 12 月，科陆引进了深圳市高新投资担保公司和深圳市创新投资有限公司等多家战略投资公司，整体变更设立深圳市科陆电子科技股份有限公司，注册资本增加到 3000 万元，是成立之初的 30 倍。

2007 年 3 月 6 日，科陆正式登陆深圳中小企业板，旗下设立七家控股子公司，注册资本达 3.9 亿元。科陆的发展进入快车道，颇具战略眼光的饶陆华紧接着选择智能电网、新能源等领域，紧锣密鼓地展开布局。

2009 年，国家电网有限公司董事长刘振亚提出"坚强的智能电网"，以特高压电网为骨干网架，各级电网协调发展具有信息化、自动化、互动化特征的统一坚强智能电网。饶陆华说：
"其实，我们当时也犹豫过，要不要以特高压的直流输电为方
向进行产业布局。经过认真研究和分析，最后我们坚持以'用
电和配网智能化为特征的智能电网'为主要方向，同时兼顾清
洁能源的优化利用。清洁能源的利用离不开分布式发电、分布
式能源的接入，因此最终也离不开储能。基于智能电网未来的
发展方向，我们坚持走配网自动化路线，并于 2009 年在储能
领域展开布局。所以，科陆的战略布局是非常系统和全面的。"

　　基于这个思路，上市以后的科陆逐步开始战略转型，从原
来做电力系统的仪表仪器，逐步往新能源、智能电网方向发展。
2010 年，科陆就做了国内第一台电动汽车充电桩的检定装置。
2011 年和 2013 年，科陆参与了两个 863 计划项目：一个是
"IGBT① 串联技术"，主要运用在光伏逆变器以及风电变流器的
技术里；另一个是"灵活互动的用电平台"，主要是运用在智
能家居和能量管理系统里面。2013 年，科陆推出国内第一台
光储一体机。

————————

① 绝缘栅双极型晶体管。

饶陆华自豪地说："2014 年，科陆生产出国内最大的 1.2 兆瓦级设备。我们在青海曲麻莱解决了 13 万牧民的用电问题，同时也奠定了科陆在离网电站的关键技术的基础。2014 ~ 2015 年，科陆生产了国内第一台能量路由器。2015 年，科陆在甘肃玉门建立了国内第一个虚拟电厂示范项目。"

从内心尊重原始创业团队

很多上市公司都通过并购一些创新企业进行战略布局，获得快速发展，科陆也不例外。科陆并购的项目成功率很高，饶陆华毫不吝啬地分享了他的经验："并购一定要与公司战略相匹配，并选择靠谱的团队，才能保证并购的成功率。"

饶陆华随口说出的科陆近年来的并购案例，都取得不俗的成绩。

2012 年之前，科陆并没有自动化配网的产品线。通过认真分析和研究，科陆决定以并购的方式迅速切入市场，从而完善在自动化配网产业链的布局。 2012 年 5 月，科陆以自有资金 1800 万元收购所参股公司上海东自电气有限公司（简称"东自电气"）35% 的股权。收购完成后，科陆持股升至 60%。此举使科陆迅速切入配电网开关行业，进一步完善智能电网领域的产业链，增强核心竞争力和可持续发展力。

饶陆华说："我们保留了原始的创业团队，高衍仍担任上海东自电气公司总经理。我们尽力激发创业团队的积极性和激情，主要是给予他们平台上的支持、资源上的帮助。经过五年的发展，东自电气发展势头良好，成为国内电网和交通、石化、工业项目的主流供应商。2017 年，东自电气又并购了一家老牌集体企业——广东顺德开关厂。并购后，该厂的销售收入和利润都有大幅的提升。"

科陆苏州工业园

2017 年年初，科陆相继收购了上海卡耐新能源有限公司（简称"卡耐"）部分股东的股权。饶陆华表示，收购卡耐是基于公司在新能源车辆运营领域的产业布局。 饶陆华对方兴未艾的储能、新能源市场十分看好，他说："只要符合企业战略方向，科陆对并购项目给予平台、资金、渠道、管理等各方面支持，那么并购之后就一定能突飞猛进，创造出新的佳绩。"

有过多次并购经验的饶陆华其实非常了解创业者，他从内心尊重原始创业团队，即使并购成为科陆的全资子公司，他也不会换掉团队的一把手。"我对原始创业团队充分信任和大力支持，我只是给他们提供平台支持、资金支持、渠道资源对接、管理上的帮助，充分激发他们的积极性和创造性，这样就为并购后快速发展打下了良好的基础。"

饶陆华的笑容永远是谦和的，早年的艰苦打拼，让他深知创业的艰难，与被并购企业共同发展，携手将科陆越做越大，是他的美好心愿。

【创业心路】

锁定目标，全力以赴

饶陆华

我认为，创业成功的关键是锁定目标，全力以赴。坚持是非常重要的，很多创业者遇到困难就放弃，这非常可惜。我们在创业过程中也会有挫折，但选择了坚持。比如，我们早在2009年就开始布局储能市场，但当时市场其实很低迷。近几年，随着储能市场的爆发，产品逐渐成熟，终于迎来了春天，我们的储能业务也获得爆发式的增长。这再次证明我们当年的战略是正确的、坚持是值得的。

近年来，科陆向能源服务商进行转型，重点布局新能源业务板块中的储能、新能源汽车运营产业链以及配售电业务，逐步对核心技术进行整合，形成完善的产业链，使得产品在质量、成本、效率等方面都具有核心竞争优势。

因此，我认为，创业者如果对未来趋势判断准确，就要坚定地走下去，哪怕困难重重也不要轻易放弃。

【人物档案】　♀　饶陆华

饶陆华，深圳市科陆电子科技股份有限公司董事长，深圳市金粤投资有限公司董事长，深圳市前海茶溪智库投资管理有限公司董事长，深圳鹏融创业财富管理网络股份有限公司董事长，深圳神州创投资产管理服务股份有限公司董事长。哈尔滨理工大学客座教授，江西省政协委员，中国储能协会理事长。获2011年度深圳市科学技术奖市长奖。

周剑：从倾家荡产到机器人领域的"独角兽"

2016 年央视春节联欢晚会后，Alpha(阿尔法)机器人成了名副其实的机器人网红。而这群会跳舞的机器人背后，是被美国 CB Insights[①] 评为全球唯一服务机器人"独角兽"公司的深圳优必选科技有限公司（简称"优必选"）。

优必选总经理周剑说："我是为梦想而创业，所以在创业过程中面对所遭遇的这一切，我始终心存感恩。创业过程教会我要真正地善良，保持初心，才能真正关怀和接纳别人，才能

[①] 一家国际知名的市场调研分析机构。

有更大的胸怀和格局。"

卖掉仅剩的一套房子

周剑在大学期间品学兼优，曾获得由现任国际奥委会主席托马斯·巴赫先生颁发的首届德国迈克威力最高奖学金。大学毕业后，周剑就职于德国上市企业迈克威力集团，因工作能力和业绩出色，仅仅四年时间就成为集团最年轻的中国大区经理。

之后，周剑又做迈克威力集团的代理商，靠做代理的佣金，周剑和另外两位合伙人开设工厂，为企业定制小型生产设备，利润非常可观。周剑回忆："那个时候，我曾一单生意就可以赚1000万欧元，所以年纪轻轻就拥有三套房产和三辆名车。"

2008年年底，学自动化出身、主要负责技术支持的周剑想做面向消费者的产品。在日本展会上看到人形机器人后他就动了心思。"我就是一股劲地想自己也做一个，最初想做的机器人，就是变形金刚那种机器人，具有一定的智能，能理解动作与执行简单命令。当时我还想，那么大的企业解决方案都能做，一个小机器人肯定不是问题。"

刚开始什么都不懂，周剑就把国外主流的机器人买了一大堆回来，一个一个拆掉，对内部结构进行研究。

"做机器人并没有想象中那么容易，一开始并没有想太多。当时花钱根本没概念，想着反正工厂还能赚钱，花了也就花了。"很快，最开始的 2000 万元被周剑全部花完，工厂股东不愿再提供任何支持。

"我最初不懂得融资，以为就是靠自己借钱、押房子去筹措资金，走着走着，发现钱根本不够用。"周剑从 2010 年到 2012 年陆续借钱支撑企业运转。朋友看周剑之前都干得不错，最开始几万元、十几万元也都有人愿意借给他。很快，借了 100 多万元投入到项目中，却连个声响都没有。周剑意识到这样下去根本不是办法，但又不知道突破口在哪里。

卖掉第一套房子时，周剑并没有多心疼，因为那时工厂还在正常运转，再怎么样都有饭吃。但周剑父母觉得不对劲了。周剑的父亲四十多岁才有了周剑，当时已经退休在家，靠着一点退休工资生活。"他们觉得儿子怎么越混越回去了，过去轻松赚钱的生意竟然不做了，反倒做什么机器人，不仅不多买房子，反而还卖掉房子。"

劝不动周剑，父母就给工厂的合伙人打电话，让他们和

周剑说。来自合伙人
和父母的压力越来越
大，他们都希望周剑
马上放弃机器人项
目，减少损失。但是
周剑心里明白，放弃

2016 年 2 月，优必选机器人在印度表演

就意味着失败，而所有的付出都将付诸东流，眼下的开发工作
进行了一多半，希望仍然存在。在经过了多番思想斗争之后，
他果敢地做出了一个令所有人都惊讶不已的决定——将香港、
上海工厂的股份变卖，并且将之前在深圳所购置的两套千万豪
宅以及心爱的保时捷、宝马等名车全部卖掉，筹措资金继续投
入研发。年迈的父母甚至因为儿子的不听劝，一气之下离开深
圳回了上海。很多朋友形容他就是一个彻彻底底的疯子、傻子。

"刚开始卖第一套房子还没有什么感觉，但在 2012 年卖掉
第三套房子的时候，感觉非常糟糕，资金上濒临绝境，还要面
对亲朋好友的不理解。"卖掉最后一辆宝马车的晚上，周剑走
到回家路上的一个路口，不知道哪里在播放刘德华唱的歌曲《男
人哭吧不是罪》。"我是从来不听刘德华的歌的，但那时听到这

样一首歌，有些触动，一下就哭了。"

令周剑触动的是这次机器人创业，他几乎将自己的全部财产投入进去。第二套房子卖了几百万元，还了朋友的钱后，周剑没能支撑多久。朋友把周剑介绍到一家担保公司，当时那套房在市场上至少能值 1500 万元，但对方最多只抵押一半。"1000 万元都不到，这肯定不够。"周剑最后还是决定卖掉仅剩的一套 260 平方米的房子。当时的研发已经进入关键阶段，眼看着就要出成果，所需的投入也越来越大。"开舵机模，开外壳模，想到什么做什么。我一套房子都是开模开没的，而且还都是废模。"在只剩下最后一套房子的时候，周剑还花了 100 多万元开了一个模。

最困顿时候最温暖的话

在漫长的煎熬和等待之后，优必选人形机器人关键部件——舵机取得突破性进展，并获得多项发明专利，领先于国内服务型人形智能机器人行业水平。

2012 年下半年，优必选第一台 Alpha 机器人终于诞生了。抱着这台耗时近五年、耗资几千万元的机器人，周剑的眼眶完全湿润了。太多的辛酸与泪水只有他自己心里最清楚。

接近弹尽粮绝的周剑，抱着试一试的心态参加深圳一个创投活动，排在最后一个路演。前面的创业者介绍完项目，没一个投资人提问。周剑不想上台了，觉得没希望，让一起来的同事上去讲。同事刚讲到一半，周剑坐不住了，觉得他没讲清楚，拿着开模开到一半的机器人就径直上了台。"我是比较冲动的。同事开玩笑说，周剑如果听到起火了，肯定先把水拎着，但至于往哪儿跑根本没管的。"

周剑手舞足蹈地演示，前前后后讲了近三十分钟，投资人的问题一个接一个。等周剑回答完一部分问题走下台，现场所有的投资人都围了上去。

由于这次机会，2013 年，优必选拿到了天使投资 1000 万元，是比亚迪创始人夏佐全和清华力合联合投资的。

在周剑心里，夏佐全是他见过的中国最有长远目标和真正风投意识的人。"他认为我们的产品技术代表机器人的发展方向。他了解了我的创业经历后更看好我的执着与坚持。最重要的一点是，我与夏先生都是想为民族振兴真正做点事情的人，这是一种情结，或者说是胸怀。他对我说：'你全部身家都投入了，我还怕什么呢？'这句话深深打动了我。这也是我在最困顿的时候听到的最温暖的一句话。"

夏佐全曾对《21世纪经济报道》说："我出来做投资很大的原因是出于情怀，一种对社会和国家的责任。赚钱不是我唯一的目标。"

拿到1000万元天使投资的半年后，优必选再遇资金紧张。夏佐全先个人借款600万元帮助渡过难关，后以个人征信的方式为优必选提供1000万元资金，用于企业运营。按照2016年1月优必选10亿美元的估值计算，如果当时夏佐全选择以股权而非借款的方式支持优必选，其正轩投资公司不但可以成为优必选的第一大机构股东，还将获得高额的账面回报。夏佐全表示："我原可以在优必选占更多的股份，但还是决定借钱给他，不要股份。这就是情怀。"在夏佐全看来，让更多的创业者成功，投资方才能成功。他说，过去几十年中，很多企业家在做企业的过程中积累了很多经验，应该拿出来和更多的年轻创业者分享。

正是这样一位年长自己十岁的知己，让周剑有了更强大的内心，更坚持自己的梦想，坚信付出总会有回报，坚信要做一个真正善良的人，一个胸怀宽广的人。

不布局前沿就是死路一条

2013 年，Alpha 机器人小规模量产了几百台，每台售价不到 7000 元，总共卖了几十万元，主要是朋友支持。周剑带着他的机器人跑遍了所有不要钱的展会。Alpha 机器人在商业化上碰壁，最大的问题是国内市场对产品本身理解不够，很多人不知道这个机器人究竟能拿来做什么，在没有机器人玩家基础的中国，这样一个玩具显然太过昂贵。

周剑说："在 2014 年元旦之前，我几乎不敢告诉别人我是做机器人的。总是有人问，你能告诉我机器人有什么用啊？2014 年 1 月，我去参加美国消费电子展，发现机器人和人工智能突然热起来了。2013 年 12 月，谷歌收购波士顿动力公司。在此之前，谷歌已经收购了十几家与机器人相关的公司。简直是风云突变。2014 年以后，好几家著名投资商也关注到优必选，包括红杉资本、IDG 和启明。"

从 2014 年下半年开始，周剑通过参加展会的方式接触海外市场，遇到一些感兴趣的代理商，从十几台开始拿货。北美、欧洲市场对于机器人这类智能硬件产品的接受度比较高，优必选进入这些市场也相对容易。

2014年，优必选开始试销Alpha机器人，销售额不到200万元。2015年，Alpha系列在美国销售近万台，销售额达到5000万元。2015年11月，优必选在Indiegogo①上线，希望通过众筹的方式征集海外开发者。仅仅八天，优必选就众筹到100万美元，获得了广大海外开发者的热烈追捧；不到一个月，便超过30万美元的目标金额，最终众筹到140万美元。

2015年11月，中央电视台工作人员到深圳挑选高科技节目。深圳市科技主管部门通知机器人协会负责人去开会，机器人协会就推荐了多个优秀的项目，其中就有优必选机器人。

一天下午，优必选CTO②熊友军带着Alpha机器人给中央电视台工作人员展示。最后，机器人表演顺利成为2016年春节联欢晚会的节目，演出当晚的阵容还成功进入了吉尼斯世界纪录。

周剑回忆："除夕那天，我与父母在看春节联欢晚会的直

---

① 一家美国众筹公司，总部位于旧金山。

② 首席技术官（chief technology officer）。

2016 年中央电视台春节联欢晚会，优必选机器人表演舞蹈

播。我母亲看到 Alpha 机器人跳舞的场面时，激动得流下了眼泪。其实，在春晚之前，优必选已经完成 B 轮 1 亿美元融资。那时，企业已经摆脱了 2012 年严重缺乏资金的困境。"

可以说，这次演出确实给了优必选一个绝佳的回归国内市场的机会。

"机器人的风口究竟什么时候会完全到来，没有人知道。在技术上没有马上达到一个能全面爆发的水平的情况下，哪条道路才是正确的，整个行业都在探索。在世界范围内顶级机器人公司均无法实现商业化的情况下，通过一些相对低端的方式让用户了解机器人，当技术积累到一定程度，自然就会爆发。"周剑说，"我给公司定的目标是成为全球顶尖的人工智能机器人公司，再没有第二个目标。我现在身上的责任更大、担子更重。我是曾经失去过的人，所以有很强的危机感。我认为人工智能和人形服务机器人的结合是非常大的机会，不布局前沿就是死路一条。"

两条腿走路

"我们公司是需要两条腿走路的：一条腿是公司的商业化。公司不是科研机构，不可能一直烧政府或者投资人的钱，烧到十年，甚至更长时间后，真正的机器人出现。商业化主要包括 Alpha 机器人、Jimu 教育机器人、Crusier/Walker 商业服务机器人。另一条腿则是研发，投入到人工智能、视觉识别、情感识别、数据挖掘等前沿技术上去。"周剑说。

就在 2016 年年初，波士顿动力推出了阿特拉斯（Atlas）机器人。这台双足行走的机器人在不同路况均能保持平衡，能够搬箱子，被击倒后能自主爬起来。其自动平衡系统取得了巨大进步，令世界惊艳。波士顿动力代表了世界顶级的机器人研究水准，其背后是一个国家的技术、工业生产、教育、资本等综合实力在支撑。而中国的机器人产业只是刚起步水准。

国际机器人联盟（IFR）发布于 2016 年 2 月的一份报告显示，全球机器人贸易市场规模已达 95 亿美元，如包括相关软件、外围设备和系统工程在内，该市场规模高达290亿美元。其中工业机器人市场占到九成以上。该报告称，随着中国工业自动化程度不断提高，到2017年，中国将成为全球最大的机器人市场，但主要仍依赖进口。

从整个机器人行业来看，工业机器人市场日臻成熟，而服务机器人仍处于启蒙阶段。周剑分析："在工业机器人领域，中国的机会已然不大。服务机器人将是中国唯一有机会和世界水平竞争的领域，大家跑得都不远。"

2016年12月5日，新加坡机器人世界杯国家理事会主席周长久教授到优必选考察，对优必选的人形机器人评价很高，赞赏周剑的不懈努力终于把他有关人形机器人的梦想变成了现实。外号"机器人爸爸"的周剑对周长久说："我认为，信任是机器人进入家庭的关键，因为人形机器人与人有天然的亲切感，人愿意与它交流、交互，建立起一种信任关系，外出也愿意带上机器人同行。未来，人类会越来越孤独，而人形机器人一定是家庭中不可缺少的伴侣，可以帮助人们做很多很多事情。"而就在同一个月，IEEE[①] 前主席霍华德·米歇尔（Howard Michel）博士宣布正式全职加入优必选，担任优必选教育 CTO 及董事。

在经历了多次起伏之后，周剑更加坚定自己的信念：美国人因为梦想而创业，才产生了如苹果、微软、脸书等著名的公司，他希望自己的公司能成为中国第一家商业化的机器人公司，研发和制造普通百姓家庭都能够买得起的机器人，把真正的机器人带入千家万户，树立中国自己的高科技机器人品牌，成为中国第一家家用服务机器人上市公司。

---

① 电气和电子工程师协会（the Institute of Electrical and Electronics Engineers）。

【创业心路】

创业者要拥有强大的冰山底座

周剑

不是每个人都适合创业，创业者必须要有很好的心理素质、综合能力和知识积累。创业不是随随便便就可以去尝试的，如果缺乏很好的心理素质和能力积累，创业失败后，很多失败者将因此一蹶不振。

打个比方，每个人都像是冰山一角，冰山在海平面下方的底座谁也看不见。有的人技术比较牛，或者领导力比较强，冰山一角就显露出这些优势。这些人可能选择了创业，而创业的最终结果却是与冰山在海平面下的底座是否强大有更直接的关系。如果代表底座的基础能力太薄弱，创业就容易遭遇失败。所以，创业者如果是一座冰山，就一定要有丰满、扎实的底座，才能增加创业成功的概率，而不能仅仅看到冰山一角就去盲目创业。

【人物档案】　📍　周剑

　　周剑，深圳市优必选科技有限公司创始人、CEO。大学期间获得由现任国际奥委会主席托马斯·巴赫颁发的首届德国迈克威力最高奖学金。曾任德国上市企业迈克威力集团中国大区经理。

李屹：用激光照亮梦想①

电影《长城》首映时采用了数字电影激光放映机，其导演张艺谋在接受记者采访的时候说："我倒觉得对于现在所有的技术来说，刻不容缓的是激光放映。我们现在很多电影院，为了发行成本，调暗灯泡，延长寿命，很不规范，观

光峰光电 3D 金字塔投影

---

① 李屹接受采访的时间为 2017 年 6 月。

众看 3D 头晕。激光放映，光源变了，亮度恒定，电影院也调不了。观众看起来视觉上更享受。"鲜为人知的是，这次放映采用的激光放映机是由海归博士李屹创办的深圳市光峰光电技术有限公司（简称"光峰光电"）所研制的。

此前，中国电影股份有限公司董事长喇培康就曾高度评价过光峰光电的技术创新："电影发明了一百多年，激光放映机的出现是中国第一次走到世界电影科技的前列。"

攀登"珠穆朗玛峰"

在显示领域，数字电影放映机就是"珠穆朗玛峰"，因为它对亮度和色彩有着极高的要求。如果光峰光电的 ALPD[①] 激光显示技术能够达到这个水平，就可以充分证明技术的优越性，从而得到更多专业市场的认可。

从来就不轻易服输的李屹决定向这片"高地"发起冲锋。在传统影院，放映机大多以氙灯作为光源。这种光源能够提供足够的亮度和色彩，但有一个很大的缺点——寿命短，使用

---

① 先进的激光荧光显示技术（advanced laser phosphor display）。

时间为 500 ～ 1500 小时，单个灯泡的价格要六七千元，功耗 3000 ～ 7000 瓦。此外，娱乐技术公司 IMAX^① 也在推广数字影院激光光源，因为它也认为激光是下一代影院技术。但是，IMAX 提供的激光光源非常贵，因此影院方面普遍认为激光光源都很贵，成本高达上百万元。李屹心目中的激光光源不仅质量和寿命要更出色，而且应该可以做得比 IMAX 便宜很多，这样的产品才能在影院推广应用。

另外，在李屹看来，攀登这座"珠穆朗玛峰"还具有战略意义。"做激光电视整机并非我们所长，我们的优势在于技术，一旦做整机，整个队伍的速度就会慢下来，因为你需要去关注非技术的东西。为数字电影放映机做激光光源，这个过程中会形成大量的专利和知识产权，这等于是在加强我们的研发，扩大我们的技术优势，可以进一步拉开与竞争对手的距离。"

基于这样的出发点，李屹组织团队进行技术攻关，终于成功"登顶"——相比氙灯光源，光峰光电提供的激光光源具有 3 万小时以上的使用寿命，也就是说，可以使用七八年的时间，

---

① IMAX（巨幕电影，Image Maximum）技术及相关设备的所有者。

并且在同等亮度情况下可以节约一半电量，发热量不到氙灯的一半，更不会存在炸灯的风险。

李屹解释："光峰光电的激光光源采用全封闭结构，根据现有放映机的

光峰光电 3D 车体投影

氙灯空间进行设计，直接替换就行，安装维护简单方便。跟 IMAX 的光源相比，光峰光电的激光光源差不多便宜了两个数量级。"

2014 年 6 月，第一台 ALPD 数字影院激光光源在深圳欢乐海岸中影国际影院安装的时候，由于影院白天营业，安装工作只能在后半夜进行。好几个技术工程师在现场爬上爬下，搞了个通宵。在安装完成后，李屹把他们叫到一起，深情地说："兄弟们，你们干了件特牛的事，因为你们改变了人类看电影的方式，而且首先是在中国发生。你们不要妄自菲薄，不要觉得要干出一个惊天动地的事，就非得像爱因斯坦那样。你们应该感到特别自豪，这件事就是你们干出来的！"在以往电影设

备只能依靠进口的电影行业，光峰光电利用核心技术开发了全球首款 2000 流明、符合 DCI^① 标准的激光放映机，并且应用于 2014 年《变形金刚 4》的中国首映。

技术上的突破和巨大创新并没有让李屹自得或止步，他希望能将如此优秀的产品在传统影院快速地推广。于是，在商业模式方面，他有了更大胆而务实的创新尝试。

首先，李屹选择了国内电影市场的"领头羊"——中国电影股份有限公司（简称"中影"）进行合作。而且，中影也有它的需求。李屹分析："大家都看到激光是下一代影院技术，现在光峰光电能够提供一种新的技术方案，而且具有巨大的成本优势，中影自然迫切地需要我们。"

正如李屹所预料，光峰光电和中影一拍即合。2014 年 8 月，光峰光电与中影旗下的中国电影器材有限责任公司宣布战略合作，成立了中影光峰激光影院技术（北京）有限公司，致力于对激光影院技术的研发和推广，这是光峰光电进军国内电影市场的标志性事件。

---

① 数字电影倡导联盟。

光峰光电研发现场

不出所料，此后国内其他主流院线和影院纷纷响应。截至 2017 年 5 月，ALPD 激光光源的安装数量已经超过 4000 台，国内有逾亿人次观看了通过 ALPD 激光放映机放映的电影。

最值得称赞的是，光峰光电与中影的合作还进行了商业模式创新。由于过去传统影院普遍认为激光光源非常贵，不肯接受高价位的一次性购买，那么能否出租给电影院使用，按使用时间来计算租金呢？李屹说，在美国的时候，他了解到通用电气公司做发电设备，但不出售发电机等设备，而是出租给电力公司使用，这样做的经济效益远远好过一次性销售设备，但这样的商业模式得具备两个条件：一是有雄厚的资本实力；二是产品技术、质量、服务都必须过硬，企业能够坚持长期运营。基于这样的分析，李屹认为租赁模式对影院方面来说是容易接受的，因为不需要一次性投入购买光源，使用几个小时就付几个小时的租金，租金按氙灯的小时成本来定，这样影院方面不需要增加额外成本，而且设备维护由光峰光电全面负责。

"对光峰光电来说，这样做避免了对光源的定价，同时又能取得较高的利润率，而且光峰光电在资本实力和技术质量上都有保障。这个商业模式还构筑了很高的竞争门槛，竞争对手很难效仿。"李屹自信地说。

目前，深圳一线影院基本上都租用了数量不等的激光放映机，包括百汇国际影院、中影国际、华夏星光、太平洋电影城、金典影城、大地影院等。光深圳的影院就有数百台光峰光电提供的激光光源在工作。"现在，影院这块市场我们的进度非常快，商业模式和技术创新是一方面的原因，当然，还有另外一个原因，就是中国快速增长的票房收入和影院市场。2016 年，全国电影票房达到 457.12 亿元，全国新增影院 1612 家，新增银幕 9552 块，等于每天增长 26 块。目前，中国银幕总数已达 41179 块, 超过北美市场, 成为世界上电影银幕最多的国家。"
李屹对 ALPD 激光光源在影院市场的未来充满希望。

除了与影院合作, 光峰光电还跟电影放映机制造商比利时巴可公司联手——巴可公司拥有全球 50% 以上、中国 60% 以上的放映机市场, 光峰光电为巴可公司的激光影院放映机提供光源。

也就是说, 光峰光电在放映机存量市场用激光光源替代氙灯, 在新增市场则直接嵌入激光放映机。如今光峰光电在全国激光光源和激光放映机领域市场占有率排在第一位。

2015 年 4 月, 光峰光电与富士康合作, 推出了全球最小、最亮的激光微型投影机——小明微投, 只有 700 克重, 流明亮度达到了目前主流 LED[①] 微投产品的 2 ~ 3 倍, 号称 "同尺寸最亮, 同亮度最小"。光峰光电开发这款价格便宜的产品, 就是为了让普通消费者能够体验 ALPD 这种新一代光源技术。与此同时, 光峰光电还开发了各种型号的高端激光工程投影机、激光教育投影机, 继续在显示领域攻城略地, 越战越勇。

---

① 发光二极管 (light emitting diode)。

让 LG 反向代工

竞争几近白热化的家电业日新月异，产品的改进和突破虽层出不穷，但真正可以称得上是技术革命或颠覆性技术的，却并不多见。

2013 年 1 月，在美国国际消费类电子产品展览会（CES）上，光峰光电与 LG 联合发布了全球第一款 100 英寸激光电视，并获得最高荣誉奖"未来产品大奖"，开电视领域"中国创造、国际制造"之先河；同年又获得德国工业设计大奖"红点奖"。

过去数十年，国内家电企业大多时候始终处于苦苦追赶的被动状态。但这一次，情形完全不同了。ALPD 不仅仅牢牢掌握在中国人手中，而且这项技术目前处于业界最前端，连北美、日、韩等地的国际一线厂商也刮目相看。

"这款 100 英寸激光电视，核心技术是光峰光电提供的，LG 只是给我们做代工。过去，由于缺乏自主知识产权的核心技术，我们国家的家电企业都是给韩国和日本的企业做代工，这次我们恰恰是让 LG 来反向代工，这彰显了光峰光电不满足只做核心器件，还要做中国人创办的国际化企业的愿景。"李屹斩钉截铁地说。

李屹回忆，当初将 LG 代工的产品进口到国内时，还发生了一段小插曲。"过关时，海关把我们的产品扣了下来要调查，因为以往都是国内公司代工，而现在是由大公司来反向代工，听起来有点儿不靠谱。不过海关了解情况后，特意向我们致敬。"

这一次，ALPD 支撑的新品百寸激光电视，以颠覆者的姿态搅动一池春水。大屏幕电视是市场发展的趋势，然而，市场上 80 英寸以上的主流液晶电视价格要数十万元，而且很沉，有上百公斤，搬运也不方便。激光电视摆脱了液晶屏幕的限制，成像尺寸灵活，能够达到 100 英寸以上。它包括主机和屏幕两部分，主机类似于投影机，重量 10 公斤左右，屏幕则是由一种特殊的树脂材料制成的幕布屏，不通电，也不发热。ALPD 创新地解决了激光显示技术的市场化难题；在节能环保方面，ALPD 还可以有效降低能耗——100 英寸的炫幕激光电视耗电量在 250 瓦左右，功耗仅为同尺寸 LED 液晶电视的20% ~ 30%，远远低于其他激光电视品牌。

在与主流液晶电视的竞争方面，因 ALPD 而生的炫幕激光电视在色彩、色域覆盖率上优势明显：不仅视觉画面更加绚丽真实、层次丰富，同时清晰度也随着色彩饱和度的提高有了大幅度提升。另外，炫幕激光电视还摆脱了传统电视的热屏直射显示和刷新频闪的观看方式和困扰，对眼睛没有刺激和伤害，在视距 3.5～4 米的普通客厅里，就可以实现安全播放，舒适观赏。

在激光电视产品上，光峰光电选择与 LG 合作。"考虑到 ALPD 是新一代显示技术，刚进入市场，光峰光电希望通过开发一款创新性终端产品，在消费市场和显示业界都引起巨大反响，而 LG 的品牌知名度有利于在全球推广光峰光电的 ALPD 激光显示技术。当然，LG 愿意和光峰光电合作，也是为了在激光电视这一创新产品上留下自己的印迹。"李屹说。

根据双方的合作协议，LG 代工的激光电视会使用两个品牌：一个是 LG 的品牌 Hecto，由 LG 负责在海外市场销售；一个是光峰光电的品牌炫幕，由光峰光电在国内市场销售。由于 LG 在韩国代工，产品生产出来后，就得以进口方式进入中国，再加上初期生产规模小，原料采购成本高，所以炫幕的定价接近 10 万元。由于价格高，光峰光电没有选择在国内主流渠道进行销售，更多的是在高端场所进行展示，所以直到今天，炫幕依然没有多大的品牌知名度。

李屹信心十足地说："因为种种原因，现在激光电视还没有在市场上大卖，但我的目标是一万余元就做出 100 英寸的激光电视，这样的价格一定可以让激光电视走进千家万户！"

偏执地去突破难题

不论是激光放映机还是激光电视，都少不了 ALPD 这项核心技术。那么，这项颠覆式创新技术是如何诞生的呢？

从清华本科毕业后，李屹到了美国，在罗切斯特大学读完硕士和博士，专业就是激光。在当时，跟国防有紧密关系的激光在某种程度上更像是一种毁灭人类的东西，其主要应用领域不在商业，更远离人们的日常生活。

2000 年博士毕业后，李屹去了美国硅谷的捷迪讯光电公司（JDS Uniphase），从事光通信设备的研发工作。用李屹的话说，这段工作经历对个人"特别有帮助"。捷迪讯光电公司在当时非常引人瞩目。2000 年，它以 410 亿美元的价格收购了另一家光通信公司 SDL。然而，就是这么一家财大气粗、如日中天的公司，却没能逃过互联网泡沫破灭的冲击，似乎在一夜之间，捷迪讯光电公司股价就暴跌了 99.8%。

"我见证了硅谷资本市场与科技结合起来的疯狂，我对一家企业从很值钱到不值钱的过程进行反思，这样对一个行业的看法就与原来完全不一样了，"李屹说，"如果说互联网科技领域投资过剩，导致互联网泡沫的形成并最终破灭，为什么雅虎和谷歌没有被泡沫吞噬呢？"李屹突然有所感悟：投资可能对某个公司来说是泡沫，但对整个行业来说不是泡沫。投资过剩的一大好处是，行业技术会得到极大的改进，同时基本要素的成本会降到很低的水平。

透过研究 LED 的产业趋势，李屹找到了自己的方向——激光的亮度是 LED 的 100 倍到 1000 倍，换句话说，要取得同样的亮度，激光的发光面积只有 LED 的千分之一到百分之一。李屹判断，未来，激光肯定会取代 LED。这让他看到了让激光"造福人类"的机会。而且，李屹的脑海里闪过了一个判断：LED 会跟当初的光通信一样，出现投资过剩，因为当时全球都在谈论清洁技术，对 LED 尤为热衷，这方面的投资也在逐渐升温。这种趋势持续下去，投资过剩必然会发生。李屹开始思索一个问题："对于 LED 投资过剩这个趋势，我能做些什么？我可以如何借力呢？"

2004 年年底，李屹在美国硅谷成立实验室，开始了新一代激光技术的探索和构想。应该用什么技术路线才能以较低的成本生产出高亮度的激光光源，并实现产业化？这是摆在李屹面前的第一个难题。借当时炙手可热的 LED 照明和显示技术，李屹很快锁定了激光光源的技术路线，并在 2006 年年底申请了 ALPD 的发明专利。只是这时候，"ALPD 技术仍停留在蓝图上，不过是几页演示文稿而已"，能否实现也未知。

李屹解释，那是因为，激光能实现高亮度是由于它把光能量密集地聚在一起，在每平方毫米的面积上，光能量可以达到 100 多瓦，足以熔化玻璃和钢铁，更不用说荧光粉了。这就是一个技术难题，也是制约激光技术实现商业化的瓶颈。"我认准了蓝色激光加多色荧光粉这条路线，因为产业背景决定了我必须这样做，我没有别的选择，只有偏执地去突破这个难题。"

应该说，李屹非常幸运，找到了解决这个技术难题的方法。他利用物理学当中脉冲的概念，创造性地引进了高速旋转的荧光粉色轮。在高速旋转中，某点上的荧光粉只会间歇性地受到激光的照射，这样就可以避免因持续照射而被"点着"的风险。

这是一种独创的架构性突破，停留在蓝图上的 ALPD 终于变成现实，成为全球第一个成功实现产业化的激光显示技术。

然而，这毕竟是一种全新的技术突破，还不够稳定，距离成熟产品还有很长的一段路要走。2007 ~ 2010 年，李屹率领团队不断改进和完善 ALPD，同时将该技术涉及的装置、材料、系统等申请专利，以保障和继续扩大自己的竞争优势。

只会把注意力放在有价值的事情上

当初，李屹带着 ALPD 成果回国创业，其实经历了无数的波折。跟李屹一起经历过这段坎坷的光峰光电副总经理梁荣说："李博士曾经想，如果专注做好自己的技术，给下游系统集成商供应核心器件——ALPD 激光显示光源，那么光峰光电就会很快发展起来。但我们创业初期处处碰壁，主要是国内知名的系统集成商不相信我们这个才十几个人的团队能拥有如此尖端的核心技术。"

李屹说："创业过程中最难的事情是被人理解。"他提到了两段哭笑不得的遭遇。一次，他去跟一个厂家谈合作，对方的CTO 跟他讲了这么一番话："我挺喜欢你的，你是个聪明人，但你再跟我讲那个什么激光旋转荧光轮，我就把你从楼里扔出去，这也太诡异了。"还有一次，跟另一个厂家谈合作，对方就给了一句话："我们不喜欢转动器件。"李屹听了之后，"一点儿脾气也没有了"。虽然说大道至简，一两句话可以说清楚的事情，可就是没有人理解和相信他。

"大部分人都是传统思维，既然你需要花很长时间去教育一个行业，不如直接自己做终端产品。这是一个教训。"如此看来，李屹决定自己做终端产品也是被逼无奈。

他用自嘲的口吻说："我们的技术被日本某品牌公司侵权了，现在我们上诉到最高人民法院。如果抛开官司不说，单从技术来说，我觉得这家日本企业理解了我们的技术发明的精髓，而且还产品化了。从某种角度说，这家企业竟然是我们的知音，这个真是颇具讽刺意味的事情。"

李屹并不认为曾经经历的磨难真的就是磨难。他淡然地说："对我来说，那些磨难其实都不算什么。我小时候是在四川的'三线'工厂里长大的。那时，我们住在山沟沟里，看到当地农民的生活非常贫困，我就想，将来自己长大了应该做一些事情来改变中国贫困落后的面貌。在我 17 岁那年，母亲去世了。死亡就像一面镜子，在死亡面前，我常常反思自己是否做得有价值。我不会在意那些没有意义的事情，只会把注意力放在有价值的事情上。相比你真正想要成为什么样的人，任何其他事物都是次要的。"

正是因为有这样的抱负和使命，一旦认准了做激光光源这件事，李屹就把自己完全地沉浸其中。他尽量让生活变得简单，极少参加各种社会活动，因为他相信，想把一件事做好，必须聚焦，无欲则刚。到今天，光峰光电的几层办公场所都是租用的，包括生产核心激光光源的车间。有人问李屹，为什么不向政府要块地自己建楼，或者直接向政府拿个楼？李屹说，拿地拿楼应该问题都不大，但是光峰光电并不在乎这些。他诚恳地说："我们的办公环境都很简单，以前所有人都坐小隔间，包括我本人。来了知识产权律师后，由于涉及商业机密，律师有了单独的办公室。财务老大因为要做融资之类的事情，也配了办公室。我算借他们的光，也有了一个小间。这就是我们光峰光电的文化风格，简单朴实，又有一个很大的目标，而且这个目标不只是一句口号，是一点点往前做的。"

让深圳速度给你加速

光峰光电产业化做起来后，在业界产生了一个很好的示范效应，顺利吸引一批国际顶尖人才到深圳扎根。其中，2014年诺贝尔物理学奖获得者、蓝光 LED 与蓝色激光发明人中村修二于 2016 年 11 月来到深圳，之后中光工业研究院暨中村修二激光照明实验室在深圳成立，中村修二担任实验室主任，负责实验室的牵头组建和后续运营。

这个实验室有着明确的目标——瞄准世界级、颠覆性的新一代照明技术及其背后的万亿规模产业前景，打造开放平台，聚合世界顶尖人才，并向产业链上下游输送。

中村修二为何选择在广东落脚建实验室呢？原来，李屹曾对他说："想再获一次诺贝尔奖吗？来广东吧，让深圳速度给你加速！"这样一句话，最终打动了中村修二。

中村修二因发明高亮度蓝光 LED，带来节能、明亮的白色光源，从而开启了全球固态照明的新时代。2014 年，中村修二因这项发明获得诺贝尔物理学奖，被称为"蓝光之父"。过去，有人运用中村修二的发明，发明了蓝光 DVD 技术。而光峰光电运用中村修二的发明，独创了 ALPD。这是一项原理性的、颠覆性的创新，引起中村修二的浓厚兴趣。

中村修二了解到光峰光电不仅独创了 ALPD 激光荧光显示技术，而且顺利产业化，已经拥有 1000 余项专利技术。这让他非常惊喜，决定接受邀请，到深圳这座神奇的创新城市成立实验室。

这个诺贝尔奖科学家实验室成立才短短几个月，就各路高手云集，例如美国国家工程院院士史蒂夫·登巴斯，专注于研究发光二极体设备二十余年的越裔美籍科学家陈长安博士，毕业于美国明尼苏达大学、先后在超威半导体公司（AMD）和英特尔从事芯片研发十多年的美籍华人专家王雷博士，此外还有大量本土高端研发人员加入，一个国际化研发团队已经形成。

进入不惑之年的李屹，又有了一个新的职务——深圳市中光工业技术研究院院长。他在研究院揭牌仪式上表示，引进中村修二的激光照明实验室，是落实深圳市委关于促进科技创新的一系列政策，设立以著名科学家命名并牵头组建科学实验室，增强深圳源头创新能力的具体举措。实验室将在下一代照明技术领域开展前沿研究，实现源头创新；同时，以此为平台，在全球吸引和招揽高端人才，形成人才的集聚效应、引领效应和辐射效应，将深圳打造成具有国际影响力的激光照明领域的技术研究基地和高端研发人才培养基地，推动激光照明技术产业化布局，为深圳创新驱动发展、打造国际科技产业创新中心做出积极贡献。

李屹说："激光照明技术是世界级、颠覆性的新一代照明技术，影响和带动的产业将达万亿元规模，和诺贝尔奖大师一起，将这一领域的工业技术研究和开发放到广东来做，这是一件激动人心的事情！如果激光用于照明，一个激光灯就可以照亮一个篮球场。如果将它开发出来，就有可能改变照明的历史和未来。"

李屹说，自己常常梦见小时候生活过的位于四川万县的"三线"工厂，那里有连绵不断的群山，还有浩浩荡荡的长江奔流而过，少年时的他有时会一脚把足球踢到长江中。当年的他胸怀"改变现状、造福人类"的梦想，而此时他的梦想正被激光照亮，是那样熠熠生辉！

【创业心路】

我是一个理想主义创业者

李屹

　　我是一个理想主义创业者。我的一个理想主义判断，就是坚信真正聪明的人应该给社会带来贡献，而不是仅仅为自己谋取利益。我也是一个非常自信的人，我自认是有天赋的聪明人，小学跳过级，上当地最好的中学，考过少年班，最后进了清华大学。有天赋的人是具有使命感和责任感的，但需要花时间去找到自己的使命和责任。我会做出一些与众不同的东西，因为具备这个天赋。可以说，我从少年时就意识到自己担负着"改变现状、造福人类"的使命和责任。

　　几年前，曾有人拉我加入投资圈，说我最好的天赋是鼻子，能够嗅到很好的投资方向。做投资，只是获得财富，不可能给世界带来直接的改变。我选择创业，因为可以为社会做出正向的贡献，带来直接的改变。作为企业创始人，我一直希望把光峰光电带往这个方向。

要是没有理想主义支撑，没有使命感和责任感，我很难想象我能在创业道路上坚持这么久。最早确定创业方向后，我对激光技术能否研发出来，心里其实没有底，哪怕是在决定采用蓝色激光加荧光粉这个技术路线后，我也不知道该如何把两者结合起来。过了整整六年，到 2010 年，ALPD 激光显示技术终于成熟了，我却发现没有下游厂商来接手，我的全盘计划一下子就被打乱了，迫使我走上自己做整机的商业化之路。我与最终目标之间的距离被拉大了。从 2004 年到 2013 年推出激光电视这九年，公司没有实现任何盈利，靠的都是投资人的钱。如果没有使命感、没有信心，我能经受住这么漫长的等待吗？虽然我们做出世界上第一台 100 英寸激光电视，但在市场上并没有如期大卖，如果没有信心和使命感，我能不感到挫败吗？我坚信自己看到了未来的产业方向，也坚信自己所做的创新事业具有巨大价值。基于理想主义，我提出了要做中国人创办的国际化企业的愿景。

创业给我的最大感受是时间严重不够用。我最羡慕能悠闲地晒一下午太阳的人。由于我的创业目的很明确，直接驱动我马不停蹄地到处奔波，造成我的时间严重不够用，尤其是与家人在一起的时间太少。在孩子们的成长过程中，我陪伴他们的时间太少了。小孩子的成长过程不可重来，而我为了追求自己的理想，又必须牺牲与家人在一起的时间，这是我最大的遗憾。有时我甚至极端地认为，创业者千万不要结婚，或者不要有孩子，这样就只有"对上"的义务，而没有"对下"的义务，比如比尔·盖茨在创业阶段是没有孩子的。从这个角度看，我还是一个理想主义者。

【人物档案】 📍 李屹

　　李屹，深圳市光峰光电技术有限公司总裁。本科毕业于清华大学，美国罗切斯特大学工程博士。"十二五"国家 863 计划能源领域评审答辩专家组成员、东华大学纤维材料改性国家重点实验室首席讲座教授。

陈湘宇："80 后"坐上国民手游的头把交椅

　　乐逗游戏并不为人熟知，但提起其代理和发行的《神庙逃亡》《地铁跑酷》《纪念碑谷》，你一定不陌生。按照易观智库统计，乐逗游戏已经获得了移动游戏市场近 30% 的用户，用户规模居行业之首。

　　最令人称奇的是，自 2011 年成立到 2014 年 8 月 7 日成功登陆美国纳斯达克，乐逗游戏的母公司——深圳市创梦天地科技有限公司（简称"创梦天地"）只用了三年六个月。从 2012 年的 1937 万元，到 2014 年的 9.84 亿元，短短三年，创梦天地的营收增长了 50 倍，被德勤评为深圳成长最快的高科技公司。2015 年，创梦天地总营收达 16.4 亿元。

创梦天地的创始人陈湘宇虽然坐上国民手游的头把交椅，但没有丝毫的骄傲自满，反倒是低调务实地向平台型公司的目标挺进。

华为培养了我的工作态度和方法

2001 年，陈湘宇从中南大学信息工程系毕业，幸运地进入华为做一名程序员。"作为程序员，我的工作性质比较单纯，但在华为所学习到的工作方式和工作态度，到今天我还受用无穷，并且特别希望能在我们公司继续传递下去，"陈湘宇毫不掩饰曾经作为华为员工的强烈自豪感，"在华为，我懂得了职业化的真道理，懂得了换位思考和为人处世的重要性，比如，在面对一件事情的时候，我们不要听别人怎么说，而要自己分析观察，了解事情的真相，这一点非常重要。"

既然在华为工作非常快乐，为什么又选择离开？

陈湘宇坦诚地说："在华为，我相当于一颗螺丝钉，被动地被安排工作，我不知道我写的程序用户体验是否满意。那时的我距离用户特别遥远。" 2004 年 10 月，陈湘宇离开了华为，作为技术领头人加入了国信通讯这个初创企业。

后来的工作经历证明陈湘宇的选择是正确的。他分析道："我现在认识到作为工程师，有三种形态：第一代工程师是开关型的，写的程序逻辑正确就可以；第二代工程师面对具体的对象，有自己的解决方法；而在程序结构非常完善的今天，特别需要面向场景的工程师，所以第三代工程师更需要实事求是地去现场体验，注重独立思维和观察能力的培养。"

没有调查，没有发言权

刚从华为出来创业的时候，陈湘宇也曾经做过一些错误的判断。他回忆，2004 年年底，他开发了一套门禁考勤系统，就是给外地打工者推送小孩是否到校读书的信息。当时他判断这是个很简单的程序软件，所以就列出逻辑，闭门开发，很快做出了前后端产品，然而这个产品投放到市场后很不好用。"当时我忽略了一个重要问题，就是务工者都是使用跨省的异地号码，每个省电信运营商的结算系统不一样，家长的手机如果不开启漫游功能就根本收不到信息，这样的系统在市场上卖不动，公司因此损失了一笔钱。由于我是合伙人，我必须对自己的失误承担责任。痛定思痛，以后任何一个项目，我如果不看现场就绝对不轻易启动研发工作。'没有调查，没有发言权'，这是绝对真理啊！"陈湘宇在谈这些事情的时候，爽朗而真诚，"有错就认"的态度相当可贵。

创梦天地创始人：关嵩（左）、陈湘宇（中）、高炼惇（右）

陈湘宇在第一次创业的时候，培养了做更多正确判断的能力，这是他日后再次创业最重要的基础条件。比如，根据核心用户需求确定产品的功能，这是用户导向思维；时时刻刻思考外界的变化，灵活地应对；"问题意识"非常重要，要善于思考问题将会出在哪里；还有深度思考的能力，要善于从纷繁复杂的信息里找到最有价值的东西。

2007 年，国信通讯被一家上市企业收购后，作为创始人之一的陈湘宇拿到了一大笔资金，这是他人生路上的第一桶金。随后，他决定加入一个软件外包公司，重新成为一名打工者，因为这家公司的客户是台湾中华电信，而当时的台湾中华电信不仅是台湾最大的电信运营商，也是亚洲第一个跟苹果公司合作的运营商。陈湘宇带领团队为台湾中华电信打造了整个应用商城体系。更重要的是，他得以频繁地同苹果公司沟通，了解移动互联网最前瞻的思维和策略。

2008 ~ 2009 年，是奠定陈湘宇移动互联网格局的重要时期，他看到了移动互联网业务的迅速增长。2009 年 12 月，陈湘宇和高炼惇一起创办了深圳市梦域科技有限公司（简称"梦域科技"）。高炼惇有海外资源，能拿到不少订单；陈湘宇则长于研发。创业初期，公司团队仅有 6 名员工，最开始是帮一家通信公司做应用商店和游戏业务，还为海外一些手游团队做技术转包业务。很快，陈湘宇发现，做游戏研发的成功不具有可持续性。"今天能成功研发一款游戏，并不代表明天也能成功研发第二款。为什么不建立一个以研发为依托的发行公司呢？"于是，他开始转型做游戏发行商。

2011 年 2 月，创梦天地科技有限公司成立，乐逗游戏是其旗下运营的游戏中心。

找到最强的内容

获取流量、流量变现、流量留存——在陈湘宇看来，每一种互联网商业模式都逃不过这三部曲。2009 年年底创立梦域科技时，陈湘宇为自己确立的第一个阶段目标是在 2011 年年底获得 200 万日活用户——这是手机 QQ 在 2010 年年底的用户数。从哪里获得这 200 万用户呢？陈湘宇自上而下地寻找创业切入点，初期也尝试阅读和基于苹果应用商店的游戏导购方向。

乐逗游戏一直奉行精品发行原则，"要想低成本获得流量，就得找到最强的内容"。陈湘宇最终意识到一定要敲开《愤怒的小鸟》《水果忍者》这些世界顶级游戏的大门。但在全球游戏巨头的眼中，2010 年的中国市场毫无价值，智能手机普及率低，盗版横行，而且没有移动支付渠道，基本无法盈利。那么，当时并没有什么实力的陈湘宇是如何敲开这些游戏巨头的大门的？陈湘宇的答案是：诚信务实。

准确地说，《愤怒的小鸟》是第一个切入口。2010 年年初，陈湘宇和高炼惇一同飞到芬兰，与《愤怒的小鸟》开发商罗威

欧娱乐有限公司 [①]（简称"罗威欧"）商谈代理的事情。财大气粗的游戏开发商根本就瞧不起毫无实力的陈湘宇。就在回国的前一天，罗威欧 CEO 与陈湘宇闲聊，陈湘宇问他最终的理想是什么。他说，罗威欧不只想让《愤怒的小鸟》是一款游戏，更要让它成为一个迪士尼那样的世界品牌，未来要有很多周边衍生产品。陈湘宇想，同品牌授权的收入预期相比，来自游戏本身的收入就显得那么可有可无。于是，他告诉罗威欧 CEO，自己有很多设计生产衍生产品的资源，肯定可以帮助他做好《愤怒的小鸟》的品牌运营。很快，陈湘宇就以品牌推广和免费代理为条件拿下了这款游戏，之后再以此为例拿下了《水果忍者》。

2011 年的中国应用市场还处于普及阶段，第三方发行平台上往往充斥着盗版资源。陈湘宇最终选择不能使用盗版软件的品牌智能手机厂商和电信运营商作为自己的主攻方向。"能不能玩切西瓜？"这是当时用户第一次购买智能手机时必问的问题。而运营商则是智能终端销售最大的操盘手。乐逗游戏通过与手机厂商和电信运营商合作进行预装，打开了市场的入口。

[①]　Rovio Entertainment Ltd.

陈湘宇花了一年的时间，把《水果忍者》做成了一款全民游戏，每 5 个中国人中就有 1 个玩过切水果。有了成功的案例之后，乐逗游戏获取海外知名游戏发行权的道路就变得更为畅通。如今，乐逗游戏已经将《神庙逃亡》《地铁跑酷》等近百款海外知名游戏收入囊中。

本土化开发是制胜法宝

当你打开《地铁跑酷》，你会惊讶地发现这款游戏的中文版比海外版的玩法和内容更加丰富，甚至会以为这是一款中国开发商开发的游戏：背景设置在熟悉的北京地铁，玩家可变身为齐天大圣孙悟空等各种角色……但事实上，这款游戏的开发商 Kiloo[①] 是一家不折不扣的丹麦公司。同样的现象你也会在《水果忍者》和《神庙逃亡》里发现。

陈湘宇认为，游戏的本土化开发是乐逗游戏的制胜法宝。在乐逗游戏 6000 平方米的办公室里，有数百名程序员，这完全不是一家手游代理商该有的配置。"如果用电影做比喻，这

---

① 一家丹麦的游戏开发公司，成立于 2000 年。

相当于华谊兄弟从迪士尼手里买回来米老鼠、唐老鸭形象，然后重拍了一部电影。"其实，陈湘宇给每一款游戏做代理的前提是拿到游戏的源代码，同原创团队共同开发。

陈湘宇认为，一款游戏是否好玩来自卖相、体验和剧情三方面。前两者取决于游戏原创团队，而剧情则意味着游戏的本地化重构。"本地化最根本的目的是降低人的认知门槛。手游和 PC 端游戏有本质不同，不能让用户去思考什么、探索什么，而是上手就懂，就能玩，都是利用碎片化的时间。"而对代理游戏的重构，相当于在好莱坞大片中加入中国明星和上海的场景。

本土化剧情开发，不仅让游戏更具可玩性，也给营收拓宽了通道。陈湘宇反对通过横幅广告赚钱的盈利模式，因为这通常意味着损害用户体验。乐逗游戏所有的营收都来自道具收费。例如，想要享受用"龙王之刃"切西瓜的快感需要付出不低的代价。而仅仅售卖博尔特的形象，《神庙逃亡》中国版就曾实现 40 万元的最高日收入。

乐逗游戏的道具中有不少是 1 毛钱就可以购买的。陈湘宇看重的不是玩家一次付多少钱，他更强调用户在游戏整个生命周期内产生多大的价值。为了拉长游戏的生命周期，他像运营网游一样运营单机版游戏，不断升级各种版本和各种道具。例如，《水果忍者》平均一个注册用户通过道具付费贡献 2 元左右，数额并不大，但是在长达三年的运营时间里，累计用户已经达到数亿人，总收入非常可观。

拿下这些游戏，获取庞大用户量，只是陈湘宇在创业时设定整体商业模式的第一步。在陈湘宇看来，无论是哪种移动互联网公司，需要解决的只是三个问题：第一是如何触达用户；第二是如何把用户变现；第三是如何把触达的用户留存下来。基于此，一家移动互联网公司的发展基本可以分成四个阶段：第一阶段，即强渠道阶段，解决触达用户问题；第二阶段，即强运营阶段，解决用户变现；第三阶段，即强平台阶段，解决用户留存；第四阶段，通过平台做开放，吸引更多的用户。

多元化的泛娱乐服务

陈湘宇一直说自己是个幸运的人，在融资道路上更是如此。2010 年 12 月，乐逗游戏获得联想之星 800 万元的天使投资，联想之星以乐基金入资。2011 年年底，乐逗游戏 B 轮融资获得君联资本和红点投资共计 1000 万美元的投资。2013年第三季度,乐逗游戏 C 轮融资引入腾讯 2000 万美元的投资。2014 年年初,乐逗游戏完成上市前轮次融资,投资方是由王思聪 100% 控股的普思资本。2014 年 8 月 7 日,乐逗母公司创梦天地在美国纳斯达克挂牌上市,筹集资金约 1.15 亿美元,成为中国手游企业第一只在美国上市的概念股。上市当天,创梦天地报收 15.94 美元,以此计算,市值达到 6.54 亿美元。

让外界非常惊讶的是,陈湘宇居然在 2015 年 6 月宣布创梦天地从纳斯达克退市。回忆这段经历,陈湘宇充满复杂的感情。"我认为登陆纳斯达克对公司是沉痛的教训,企业高速发展,但还太年轻,上市太早,我们内部组织能力并没有夯实。就在2015 年第一季度,腾讯派出一个诊断专家组来到我们公司进行诊断,给出的'体检报告'简直让我直冒冷汗,比如企业战略不清晰、管理不到位等。我果断决定退市。"

通过这一进一退,陈湘宇认为恰恰达到了换系统的目的。第一是用国内长期战略投资人替换了美元基金这个资本系统;第二是更换了人才系统,引入合伙人机制,把最早期的 4 位创始人变成了 7 位;第三是更换了业务系统,过去是以游戏为主业，现在逐渐将游戏变成服务，目标锁定为基于用户服务的平台型公司。

"游戏即服务"是陈湘宇经营手游的一个非常重要的理念。获取用户，是移动互联网天生的门槛。他认为，获取一个移动互联网用户的成本，远远高于过去互联网的流量成本。留住老用户的成本远远低于去获取一个新用户。留住老用户的诀窍是"游戏即服务"，而不仅仅是产品。因为产品卖完了就算结束一单生意，而服务则不同。在中国市场上，很多游戏都是免费下载，道具收费。怎样靠用户体验带来道具消费？那就是考验游戏品质和服务品质的时候了。必须要提供值得用户买单的价值，游戏的生命力才具有持续性，公司也才具有持续性。

独特的经营理念，让陈湘宇在国内手游市场上闲庭信步，在海外市场屡创佳绩。2015 年 8 月，乐逗游戏以 1000 万美元收购了美国领先的游戏开发商 Rumble，在国际化方面迈出了实质性的一步。2015 年 10 月，乐逗游戏将《英雄永不灭》（HND）和《南瓜先生大冒险》两款中国精品游戏推向海外市场，苹果公司多次在 160 多个国家和地区推荐。2016 年 6 月 30 日上线的《巴弟快跑》在一个月内用户下载量超过 100 万，获得包括港澳台地区，以及英、法、德、意等 34 个国家的新游戏推荐，在俄罗斯游戏免费榜排第二位，在德国游戏免费榜排第三位，当年 8 月稳定排在美国游戏免费榜前十位。陈湘宇还将乐逗游戏在跑酷游戏类的经验和优势延伸至海外。2017年，乐逗游戏和华为结成战略合作关系，一起开拓全球的游戏市场。

创梦天地正在以游戏为基础，以 IP 为核心，打造一个跨平台、跨领域的泛娱乐生态圈。2017 年成立的投资平台创梦资本，共发行两期基金，总计 30 亿元，主要投资游戏、影视、动漫、电竞、AR①、VR② 等领域。创梦资本已经完成的投资包括万达影业、微影。内生业务扩展加上资本平台延伸，创梦天地努力为用户提供多元化的泛娱乐服务。创梦天地于北京、成都、南京等地设立分支机构，共有员工 700 余人，其中包括海外员工几十人。"80 后""90 后"是创梦天地的"主力军"，"简单、正直、创新"是陈湘宇引以为豪的企业文化。

"2017 年的 2 月 14 日，是乐逗游戏的 6 周岁生日。我对

---

① 增强现实 (augmented reality)。

② 虚拟现实 (virtual reality)。

企业的规划是：第一个五年，发行加自主研发，运营内容业务；第二个五年，打造一个移动互联网娱乐用户的综合服务平台，要开展除了游戏之外的广告、增值业务等。"陈湘宇的语气里透出对未来的强大信心，也显示出他的早期经历让他对移动互联网的规则有着返璞归真般的透彻认识。

虽然因为小儿麻痹留下了不便，但陈湘宇依然坚持看现场做实地调研，在海内外奔走，拜访客户和拓展市场。走在创业这条路上，他要付出比常人更多的心血与汗水。他的笑容像一缕阳光，深深感染和激励着每一个与他合作、共事、交流的人。

【 创业心路 】

创业过程是从善的心灵洗礼

陈湘宇

"创业"不是一个新鲜词，也不是什么高贵的词，不要以为创业就是当老板，就与职场的人不一样了。对于创业者来说，这个问题要特别注意，因为创业过程中保持心态的平和非常重要。

其实，创业要面对问题、发现问题、解决问题，这个过程是循环往复的。我认为创业过程就是从善的心灵洗礼，当了CEO 就要对自己做出的判断和决定担负全面责任，不能有所抱怨，对看不惯的人和事也不能挑剔。为恶的事情做了一件，以后就会放荡，所以要一直为善。这个是很大的考验。比如，对一起创业走过来的骨干老员工，原来许诺了给他们股票期权，可企业发展壮大了，后来又进来不少新员工，有很多企业家就会用低价从老员工手里买回股权和期权，分给骨干新员工，这就会让老员工离开。而我的做法是留下老员工，留下他的股票，并且告诉新员工，这些老员工在创业初期曾经承担了很大的风险。所以创业者要坚守自己当初做出的决定，坚持初心。这是对企业创始人的考验。

创业者保持从善的心态，这非常重要，因为如果被个人的做事方式阻碍了发展，企业就会遇到发展的"天花板"。如果你想在创业的道路上一直走下去，创业过程就一定是一个心灵洗礼的过程。

【人物档案】  陈湘宇

陈湘宇，深圳创梦天地（乐逗游戏母公司）科技有限公司创始人、CEO。

谢汝石：缔造国内首个医生集团

曾经，他在无影灯下"舞刀弄枪"，为患者们"手到病除"；现在，他在医改浪潮中"乘风破浪"，为医生和患者构建一个有尊严的医疗平台。他，就是深圳博德嘉联医生集团医疗有限公司（简称"博德嘉联医生集团"）创始人、CEO谢汝石。

"走到今天，就是少小立下的志向，心里那小小的目标，常常敲打着我那颗不安分的心；再苦，再累，这过程都是美好的，因为，每天都向着目标靠近了点。"谢汝石爽朗地说。

谢汝石的爷爷是粤西地区的一名老郎中，治病救人，是爷爷引以为豪的事，而淳朴的渔民也常常来给谢家送鱼虾、鸡蛋等，感谢老郎中。这给幼小的谢汝石留下非常深刻的印象——原来做医生是这么美好的。13 岁那年春节，谢汝石给家里写了一副春联："今天寒窗苦读，明日杏林增辉。"这可以说是他行医梦想的萌芽。

四十年后，谢汝石与林锋共同创办了博德嘉联医生集团，获得国内首张带有"医生集团"的营业执照，并成为国内首个具备医疗资质和完善的税务登记手续的医生集团。

每一位老师都给了最好的教育

谢汝石的求学回忆里，满是对老师的感恩："我从小就不安分，幸运的是一路都遇到恩师指引。小学、中学、大学，就算毕业当了医生，也还是有老师。一遇到困难，我身边都有好老师指导。记得上初三的时候，第一次离开父母，那个时候学习不是问题，学习从来就没有难倒过我。我的难题是特别能吃东西可又非常缺少吃的，常常觉得肚子饿。这个难题居然都有老师帮我解决。这位老师叫许世禄，他每天把自己的早餐分成三份，一份给他女儿，一份给我，一份给他自己，而且每天晚上还留给我一个馒头做夜宵，我自习完了到他的房间就可以吃。

这个馒头对那个时候的我，简直可以称为奢侈品啊！高中的时候，第一节课就遇上了化学老师——关德铨老师。他个子不高，说起话来有些高傲，第一节课就是他给我们上的。那个时候考上阳江一中的都是我们县各公社的'学霸'，关老师当年就跟全班同学说：'我看好我们这个班的学生谢汝石，他来当班长吧！'说实在话，那个时候同学们来自各地，根本就不认识，我就这么被指定当班长，后来还不明不白地被校长指定当了学生会主席。很庆幸，不管是学习上还是生活上遇到困难，我都有老师帮助。就连高中的伙食，我也是跟老师一个饭堂。我去改志愿，都是班主任林秀泮老师骑着那28寸的红棉自行车载着我去的。自始至终，我都在老师关爱下成长。"

高中，就这么顺利而愉快地度过了。1981年，谢汝石上了心仪的大学——中山医科大学。在这里，他不仅学到丰富的医学知识，更重要的是学到如何做人。他说："学医，首先需要学会敬畏，尊重生命和敬畏患者。我记得，我们进入中山医科大学上学的时候，我问我们年级的刘端华老师，在学校里如何跟不认识的人打招呼。她说：'你们见到人都应该叫对方老师，尤其是我们的工人，没有他们搞卫生、烧开水、煮饭，你

谢汝石（左）和林锋（右）

们就没有这么舒适的学习环境。'就这样，到目前为止，我在校园里见到所有的人都会叫'老师'。对医学生、医生来说，生活是我们的老师，同门或者其他科的医生、护士是我们的老师，病人更是我们的老师。病人，用他的病痛，甚至生命来提高我们对生命的认识、对疾病的探究。我们的每一次技术进步，都是我们的病人给我们的。记得上解剖课，我们的老师叶鹿鸣教授在给我们讲解剖概论的时候就说：'在每一次做解剖实验的时候，我们都要崇敬尸体。这是病人为了我们学习而捐献的，这是他们对医学的伟大贡献。'于是，我们每一次解剖实验，叶鹿鸣教授都会在实验室巡查，看到不正确的解剖方式他会耐心指导，如果看到个别同学不尊重尸体，他马上就会严肃批评。这个场景，至今仍历历在目。"

在谢汝石心里，每一位老师都给了他最好的教育。谢汝石常常说自己是个非常幸运的人。

只要有机会，就是上天的恩赐

毕业后，谢汝石顺利地被分配到中山大学附属第一医院肝胆外科做医生。做了八年外科医生的谢汝石，曾于 1995 年到美国一家研究所做过短暂访问。

从美国回来后，老师告诉谢汝石："你出来做点事情，为学校的老师改善一下生活。"就这样，谢汝石离开了自己心爱的科室和手术台，开始了第一次创业。

那时，为了让《家庭医生》杂志更具可读性，谢汝石背起行囊，走遍祖国大江南北，访问了不少专家、学者和能够访问的书摊大妈、大伯。拿到读者喜爱的素材后，谢汝石还找机会结识全国著名的医学专家，保证杂志的科学性和专业性。在当时全国科普杂志中，《家庭医生》杂志的销量一直数一数二，这与谢汝石的苦心经营密切相关。

"有一次，我请北京 301 医院的黄志强院士写一篇有关胆囊炎的文章，发表后，一共收到 20 多万封读者来信。这个杂志社平台教会我如何跟专家、医生打交道，如何让他们有尊严地工作，或者说配合我的工作。"谢汝石回忆，"我在中山医科大学待了三十六年，从本科到中山一院外科，再到肝胆外科和读研，从医生、助教、讲师到高级职称，从一般医生到大学的校办产业集团副总裁。做过医生、科主任、企业的总经理，开过医药公司、医疗器械公司，编辑过《家庭医生》杂志，开设过全国第一个独立第三方影像检验中心、公立医院的综合科，走过的路，都是在大学和'医'里面。"可以说，谢汝石不但是医生，而且还是出色的创业者和经营者。

有一段时间，谢汝石多次到发达国家的医院和医学院、医疗设备企业考察，重点考察医学教育、医疗服务模式、后勤供应等。他发现一个很大的问题：相比发达国家，我国的医疗很落后，不是我们技术、设备不行，而是我们的医疗管理流程有很大缺陷，因此，要改革医疗就要从医疗管理流程入手。

认识谢汝石的人都知道他喜欢折腾，所以遇到一些有挑战性的事情，朋友们就会想到谢汝石。2007 年，当时的广东省卫生厅领导建议搞一个"医疗超市"。中山大学副校长汪建平找谢汝石商量，希望谢汝石到中山大学附属第六医院（简称"中

2007 年，谢汝石负责筹建国内第一个
独立第三方影像检验中心——中山大学附属第六医院影像检验中心

山六院"）工作，实践"医疗超市"的设想。没有人知道，那个时候谢汝石从中山大学附属第一医院去中山大学附属第六医院的时候是从一个舒适的岗位到一个很艰难的岗位，待遇只有原来的三分之一，而且是一家新医院。谢汝石始终坚持一个信念：不要计较社会给予你什么，只要有机会，就是上天的恩赐。

就是在这样一个地方，谢汝石创立了全国第一个独立第三方影像检验中心——中山大学附属第六医院影像检验中心，在中心里设置独立的医生工作室，一站式解决看病和检查、住院等问题。"从这里起步，后来中山六院病房增加，我就要了一个病区，把大学专家请来为病人看病，建立我们自己命名为'名医汇'的综合科，首先在全国的公立医院里建立一个医生'走穴'，患者可以在医生的指导下找到合适的专家的医疗平台。当时很多病人和专家都支持我们的'名医汇'，越来越多专家都到这个平台上来。但因为当时缺乏政策支持，操作起来还是有很多困难，做平台会遇到无法逾越的障碍。应该说，这个'名医汇'是医生集团的雏形。"谢汝石说。

2015 年 4 月，谢汝石和广州爱康国宾体检公司合作，建立了中国第一个医生工作室。这个仅仅是职业上的创新，但由于没有营业执照和商业模式，不能复制和推广。"我一直在跟圈内人探讨医生与病人的关系、定价模式等。一直到 2015 年年底，深圳市卫计委主任向我伸出橄榄枝，希望我到深圳创业，他负责帮忙解决注册难题，这让我非常惊喜。"谢汝石再一次遇到生命中的贵人。

探索新生事物"医生集团"

谢汝石说自己非常幸运。2016 年 3 月 15 日，深圳市场监

2016 年 3 月 15 日，谢汝石（左）与林锋（右）
领取国内第一张"医生集团"营业执照

督管理局给他和中山大学附属第六医院林锋教授联合创立的深圳博德嘉联医生集团医疗有限公司颁发中国第一张以"医生集团"经济实体性质登记注册的营业执照。

谢汝石介绍，医生集团是由多个医生自发组成的医疗机构，相对于独立执业而言，是一种团体执业形式。受规定限制，医生集团多以"科技公司""咨询公司"等名义注册，"名不正而言不顺"给医生集团的运营带来困扰。他感慨地说："这个执照来得不容易。第一次的时候，我们尝试以'医生集团'名义在工商部门登记注册，被告知'医生集团'与'有限公司'命名冲突，不符合现行规定。为了支持医生由'单位人'到'市场人'身份改变的尝试，深圳市卫计委与市场监督管理局沟通协调，探索'医生集团'这个新生事物的运营组织模式，最终实现了突破。"

在融资的道路上，谢汝石同样是幸运儿。在中国第一张"医生集团"营业执照颁发给博德嘉联医生集团后不久，有近30家投资机构向谢汝石或林锋抛出了橄榄枝。最后，他们选择了松禾资本的创始人——厉伟。厉伟是深圳市松禾资本管理有限公司创始合伙人，同时还是天使投资人。

谢汝石由衷地说："有了一个好的投资人，这是博德嘉联医生集团发展的重要推动力。他不但提供了运营的资金，而且提供了很好的投后管理和支持。"博德嘉联医生集团因此快速地建立了医疗机构资格、医生多点执业登记、独立的收费系统、税务登记、云管理系统等，又准备筹资建立自己的医疗平台，打造自己的母港和服务网络。

"博德嘉联医生集团的病人实行全预约制，有专门的全科医生团队协助患者收集资料，根据患者的实际情况安排相应的医生。医生会根据患者的病情，合理安排看诊时间。"谢汝石说，在博德嘉联医生集团接诊的医生，都亲身经历过大医院的"人满为患"，理解患者的不满其实源自就医体验太差，因此会更加注重服务质量。

据介绍，现在博德嘉联医生集团已在深圳、广州、惠州建立 6 个医疗基地，签约 300 多名医生，覆盖 34 个临床学科。这 300 多名医生里，绝大部分是圈里颇有名气的专家，85% 是博导，有着非常强的培训、教学和科研能力。但谢汝石也坦言，绝大部分医生是兼职，各自都在大医院里有工作。

成立以来，博德嘉联医生集团的患者数量比较稳定，平均每个月在 200 例左右。而在这里的就诊费用，则是以博德嘉联医生集团自主定价作为市场参照。博德嘉联医生集团的门诊患者都能得到与专家面对面沟通不少于 30 分钟的面诊服务。如须接受住院治疗或手术治疗，则会由专家带回到自己所在的第一执业地点提供医疗服务，但这并不能最终改善患者的就医体验，而且诊疗服务衔接并不是特别流畅。

以"前人种树"的心态先行先试

经过多番试验和摸索，博德嘉联医生集团把目光转向了实体医疗。2017 年 4 月 18 日，博德嘉联医生集团与香港新风天域集团旗下的新风医疗控股有限公司正式签署协议。新风天域集团为博德嘉联医生集团注资超过 10 亿元，成为其大股东。

双方将共同在线下建立医院、诊所和日间手术室。

　　第一步，双方计划在深圳建设一所三甲规模、国际水平的全科医院，服务深圳以及广东其他地区患者，并辐射香港居民跨境医疗需求。同时，配合建设粤东、粤西几个全科诊所作为卫星布点，实现分级诊疗。据介绍，未来博德嘉联医生集团还会组建新的医生团队，例如诊所固定的家庭医生、全科医生等，并搭建专家手术所需的基础团队，包括麻醉医生、ICU^① 医生等。

　　谢汝石说，很多媒体都问他为什么会与香港新风天域集团合作。他回答，重要的不仅仅是起码 10 亿元的投入，而是这个集团不但有投资医疗的布局，还有带头人——香港特区原财政司司长梁锦松先生等团队的投资经验和事业情怀，以及连接香港及国际化医疗服务和科技的能力。其中，最重要的是有共同的理想和发展中国医疗的目标，参与粤港澳大湾区的大健康布局，落实 CEPA^② 中的医疗合作和交流，让香港的医生可以参与内地的医疗服务，更多地与内地同行交流，不但可以提供

---

① 重症监护治疗病房。

② 2003 年，内地与香港、澳门特区政府分别签署《关于建立更紧密经贸关系的安排》（简称"CEPA"）。

良好的医疗服务给深圳居民，也探索服务在深圳的香港居民。

谢汝石认为，"博德嘉联医生集团要搭建的是服务平台，我们可以提供场地给其他医生集团，甚至自由执业的医生开展门诊、手术"，要以"前人种树"的心态先行先试，在政策的支持下，让优质医疗资源流动起来，最大程度发挥作用。

从一开始的探索，到成立广州首家私人医生工作室，再到全国第一个拿到工商执照的医生集团，谢汝石和他的搭档们一直在做先行者。

谢汝石说："我把博德嘉联医生集团的发展分为三个阶段：第一阶段是牌照阶段，完成工商注册、登记多点执业、建立价格体系和服务流程、得到保险支付。第二阶段是建立自己的服务母港，培育自己的服务团队，建立可以复制的商业模型。第三阶段是建立现代化的管理模式、监管体系和评价系统。博德嘉联医生集团现在处于第二阶段的开端，准备筹备第三阶段。"

2016年10月25日，中共中央、国务院印发了《"健康中国2030"规划纲要》，明确指出"创新医务人员使用、流动与服务提供模式，积极探索医师自由执业、医师个体与医疗机构签约服务或组建医生集团"。这是"医生集团"第一次被写进国家级文件。

2017 年 3 月 15 日，也就是博德嘉联医生集团获得营业执照一周年的时候，谢汝石在微信朋友圈留下了诗句："杏林再遇春风至，回头已见万木春。"这是谢汝石对博德嘉联医生集团的未来，以及新政策引导下医生集团发展的憧憬和信心。

【创业心路】

创业需要情怀，更需要执行力

谢汝石

这两个中山医科大学的老学友、老医生究竟想干啥？我们算是衣食无忧，也算是功成名就了，两个站着说话不腰疼的人究竟为啥又重新忙起来，而且走一条别人都没有走过的路？我们看到了现在医疗的弊端，也看到了国家在推动、政府在支持的一种新的变革。我们希望将医学带回本源：尊医行医。这是情怀。

创业需要情怀，更需要执行力。自从 2007 年上级部门领导建议搞一个"医疗超市"起，我们就一直在践行。例如：建立中国第一个独立第三方影像检验中心——中山大学附属第六医院影像检验中心，并且在该中心设置独立的医生工作室；率先在中国的公立医院里建立综合科——一个医生"走穴"，患者可以在医生的指导下找到合适的专家的医疗平台；在广州建立中国第一个医生工作室；拿到中国第一个医生集团的营业执照；第一个将医生集团在税务上登记为"盈利性医疗机构"……
这些在中国医改史具有突破性意义的"第一"，凝聚了我们努
力的汗水，也凝聚了我们的朋友和支持者。我们已经走上了这
条路，就得有不到黄河心不死的决心和执行力！

　　用我的经验，做好医疗资源整合的"桥"，这就是我今后
新的专业。

【人物档案】 ○ 谢汝石

　　谢汝石，毕业于原中山医科大学，教授，深圳博德嘉联医生集团医疗有限公司创始人、CEO。曾任职于中山大学附属第一医院肝胆外科。曾主持过国内最大的科普杂志《家庭医生》。曾任中山医科大学产业集团副总经理，主管与医疗相关产业。

张亨德：品尝海外分享住宿"头啖汤"

深圳市住百家发展股份有限公司（简称"住百家"）成立于 2012 年 3 月，是分享经济模式代表企业，2016 年 4 月 22 日挂牌新三板，2016 年 11 月成为首家入选美国密歇根大学罗斯商学院商业案例的中国分享经济企业。

创办住百家的张亨德是一个"85 后"，他的身上既有商业世家的基因，又有勇于创新的个人风格。

发现分享经济的商业前景

张亨德出身名门。外曾祖父是袁世凯手下的经济重臣，与张謇并称"南张北周"。爷爷毕业于清华大学和美国康奈尔大学，曾是交通部的高级技术官员。外公参加过抗日战争、解放战争和抗美援朝。

2015 年，张亨德获得黑马创业集团"年度风云黑马"称号

由于家族世代经商，张亨德小小年纪就深谙生意之道。

"事实上，我从小就做生意。我小学上的是寄宿学校，母亲没有给我零花钱。为了买圣斗士玩具，我曾经在二、三年级时捡过易拉罐，卖到废品回收站换钱花。13 岁那年，我第一次创业，建了一个主打互联网安全的网站，也会借助网站倒卖些电脑配件。'非典'期间，我还倒卖过消毒水。之后我选择去当兵，18 岁退伍，申请留学。"张亨德回忆。

退伍之后，张亨德花了一年时间恶补高中课程和英文，竟然奇迹般地拿到美国的大学录取通知书。他对留学美国的机会非常珍惜，先是考入美国普渡大学，后来转学到密歇根大学罗斯商学院，获得工商管理学士学位。2010 年，张亨德回国，到我爱我家集团担任副总经理，在三亚负责旅游地产业务。

　　2011 年，在香港大学攻读工商管理硕士期间，张亨德开始了对分享经济的研究和尝试。海外留学、旅行的经历，以及家族的熏陶，让张亨德发现分享经济在住宿领域的商业前景。当时爱彼迎（Airbnb）在亚洲还没有办公室，但是德国的火箭互联网公司（Rocket Internet）投资了一家孪生公司Wimdu[①]。Wimdu 的亚洲办公室设在香港，且在香港的用户量是爱彼迎的 5 倍。2011 年夏天，张亨德在香港创办了一家物业托管公司。他搜集和代理了 20 多套房源，自己花钱进行标准化装修，然后放到爱彼迎和 Wimdu 上出租，收取租金。每个房源的装修成本是 2 万元，装修周期控制在 2 周内。这样一年下来，他有约 100 万元的利润。

　　张亨德是个有心人，在提供第三方服务的过程中，他了解到房屋短租行业的一些门道，也开始梳理自己的切入点。他给爱彼迎房东提供物业托管服务，承接保洁、装修、租房接单等外包工作。不论对用户还是房东，他都有着很深的体会和理解，

[①]　成立于 2011 年 3 月，总部位于德国柏林，为提供日租公寓的商家和有日租需求的租客提供在线租房的平台。

尤其是清楚看到爱彼迎的平台式服务无法满足中国用户出境游的需求。

"比如，在专业摄影师及光线的帮助下，夸大了房间的美感，失去了房源真实场景的还原；在住房过程中，房东随意调换房源；还有中国人境外游语言沟通不顺畅，缺乏安全感。这都是我曾经切身经历过的，于是有针对性地创立了面向中国市场的高品质出境游住宿公司，为中国人出境游提供专属服务。"张亨德说。

张亨德更清楚中国用户需要哪些服务，有哪些疑惑和担心，也深知如何管理房东。他认真思考过，如果要创办一家公司提供海外分享住宿和旅行的周边服务，肯定不是简单复制爱彼迎，而是要把自己的东西尽量做得专业一点。"与爱彼迎相比，住百家专注为中国人出境游服务这个领域，而非服务全球用户。我们更懂中国用户的需求和痛点，相对更专业、更安全。爱彼迎的客人可能是有海外教育背景、愿意冒险、好奇心重的人群，而我们的客人是 25 ~ 45 岁的家庭用户或团队游用户，客户群不太一样。"

此前，张亨德做爱彼迎和 Wimdu 的供货商，有线下运营经验。应该说，住百家从一开始就是一个有强烈线下基因的团队。早期数百套经过筛选的高品质海外房源，也成为住百家最大的资源优势。

非常坚韧地活着

张亨德创业的第一年，可以说困难重重，险些半途"挂掉"。

有一天，一个来自红杉中国的电话约张亨德面试。这家久负盛名的投资机构正在进行神秘布局，希望为自己在美国的明星项目爱彼迎寻找一名中国区 CEO。

彼时，爱彼迎尚未进入中国，但已经炙手可热，刚刚完成一轮 4.5 亿美元的融资，在全球拥有 1000 万用户和 55 万个房间。它和优步（Uber）一起，堪称全球共享经济的双子星。

而那时的张亨德正处在最焦虑的时刻。摆在他面前的简直就是个烂摊子：创业一年，钱快花完了，账上还剩几十万元，只够四五个月的开销；深圳办公室从写字楼搬到了居民楼里，北京办公室只剩下不到十个人；董事会内讧，COO[①] 不知去向，

---

① 首席运营官（chief operating officer）。

CTO 则一行代码也没写过，话务中心和客服三天打鱼两天晒网；倒是另外找人搭了个网站，但是几乎没有流量，只能把房源放在携程、去哪儿和途家上卖，效果依然不尽如人意。

心事重重的张亨德前去面试，地点在北京芳草地的一家咖啡馆。他和爱彼迎亚太区负责人聊了一个小时。

这位负责人用英文告诉他，爱彼迎即将进入中国，需要找到一个"可以帮我们赢的人"，这个人得把接下来的两三年时间贡献出来，全心全意打造一个全新的爱彼迎中国公司。这个人选得是美国人和中国人都能接受的，不仅要能融入爱彼迎的文化，也要在中国有相当的声望。

张亨德打听道："你们有收购的计划吗？"

"没有。我们不希望收购打破爱彼迎的文化。"

"你平时几点下班？"张亨德又问。

"下午六点。"

在得到这个令人咋舌的答案之后，张亨德结束了这次不了了之的谈话。

他不打算争取这份年薪 200 万元的工作。钱对他不是诱惑。最重要的是，他感到对羸弱的住百家来说，爱彼迎固然强大，

2016 年 11 月，张亨德（右）与林毅夫（左）
在密歇根大学中国研究中心对话

但似乎还不够野蛮。他有自己的看法："这个人不好找，爱彼迎的外企文化在中国很可能水土不服，而且职业经理人和创始人是两回事。"

在起步的头一年里，住百家扮演的都是 OTA[①] 平台供应商的角色，销售一直起不来。一方面，OTA 并不重视小供应商的产品；另一方面，OTA 的基因天然适合机票、酒店这样的标准化产品，至于民宿短租这样的非标产品，就算很便宜，用

———————

① 　在线旅行社（online travel agency）。

户拿不准它是什么，不会下单。那段时间，张亨德一直在寻找合适的投资人、高级管理人员。"找钱、找人，是早期创业者最痛苦，也是最紧要的任务。"张亨德说。

张亨德对早期求生存经历刻骨铭心，他曾对媒体说："创业这几年，不同时期有着不同的挑战。公司小的时候，有求生的本能，因为搞不好就死掉了。"

没有半途死掉的住百家，在张亨德带领下非常坚韧地活着，还坚持在商业模式上有所创新，终于幸运地迎来共享经济的风口，获得了快速的发展。

用户的认可是巨大的激励

千篇一律的标准酒店已经不能使一些出境游客满意。这些游客最渴望融入当地，体验当地丰富的文化和生活。不过，由于语言和文化原因，中国游客在与海外房东沟通时，往往会有困难。

张亨德说："住百家特别为国内新中产阶层推出海外分享

住宿和旅行周边服务。"创新的 C2B2C① 模式，使得住百家更像精品"天猫超市"，为中国游客精选可靠的海外房源与服务，游客入住时无需与房东直接沟通。

"2012 年公司初创时，我们还没有拿到融资，当时只做 2B② 业务，给携程、途家等做房源供应商。他们在自己的官网上销售，我们提供服务，包括客户服务。2014 年以后，住百家成功进行 A 轮融资，并且利用移动互联网红利，获客成本较低，快速开展 2C③ 的业务，现在是 2B 和 2C 并存的商业模式，效果要更好。"

张亨德说："2016 年 3 月，在湖畔大学上课期间，我认识了卫哲，后来我们关系还不错。他是 B2B④ 方面的专家，他指导我将公司从 2C 往 2B 的方向走，给我支了很多招，让我受益匪浅。"

张亨德介绍："住百家的核心竞争力是 2B 和 2C 并存的商

---

① 即 customer to business to customer，一种电子商务模式，顾客通过企业的电子商务平台，实现顾客与企业之间、顾客与顾客之间的信息交流。

② 即 to business，指面向商家（泛指企业），产品本身是生产资料，不是消费品。

③ 即 to customer，指面向消费者（泛指用户），产品本身是消费品。

④ 即 business to business，一种电子商务模式，是企业对企业的交易。

业模式，我们称之为 C2B2C 模式，精髓为品控和服务，这两点也是市场上的'盲点'。该模式更好地保障供给侧质量，提升匹配效率。"在品控上，住百家有一套严格的房源等级标准体系：每一套房源都要经过 160 多项的线下实地审核，并在行业首推线上 VR 实景看房技术，为用户体验提供保障。除了对房源进行审核，住百家对房东口碑也会进行一一筛查，确保房东靠谱。

在供给侧资源先发优势基础上，住百家建立了一套标准化的服务配套体系：提供 24×7 小时全天候中文客服，用户无需与房东接触，最多 48 小时便可实现预订。在海外，还有以众包形式提供以住宿为核心的当地华人管家支持服务。一方面提供从预订选房到入住体验的全方位全中文环境，帮助中国用户消除语言障碍和文化隔阂；另一方面，针对其他平台只提供住宿而缺乏国人所需的住宿周边支持及旅行服务，住百家推出接送机、租车、管家、导游、海外保镖等一站式旅行服务。

除房源等级标准体系和周边服务标准体系之外，住百家还有第三大标准体系——运营管理体系。这三大标准化体系使住百家具有强大的资源整合能力和开拓管理能力。

在房源目的地，住百家拥有一支神奇的众包兼职服务大军，他们是当地华人、留学生及旅行达人。经过严格的信用调查、面试、培训、考核等环节，他们会担任当地管家、导游、司机等角色。目前，住百家已有上万名海外兼职人员，他们不仅为客人提供全中文服务，还会带他们深入体验本地生活，包括人文、美食、娱乐、购物等。在"一带一路"倡议的引导下，住百家利用目的地运营优势，加大对相关国家、地区的华人、留学生的聘用，促进当地就业。

其中，当地管家是这支服务大军的灵魂，他们熟悉当地风土人情，是地道的生活家，可以为中国游客提供定制化的深度旅程。比如，一位游客携全家前往清迈度假，管家在其确认预订公寓前，亲自实地考察并拍照，确保适合老人和孩子入住。更令客人惊喜的是，他还为小朋友准备了一套中文绘本。

张亨德说："一开始，很多用户在下单订房之后都会问，能不能代订机票，能不能接机送机，在当地能不能有人带着。当地管家的逻辑就是这么来的，它完善了住百家整个出境游服务体系的完整性。"据了解，住百家的这些管家会提前了解客人的喜好、饮食习惯及各种细节要求，根据客人需求来准备早餐、新鲜水果，安排特色餐厅、私人酒庄、独特景点等。新西兰皇后镇的一位管家接待客人时，发现她特别喜欢吃当地的一种小猕猴桃，就每天一早去超市采购，保证将最新鲜的小猕猴桃送到公寓。

住百家也接待了很多明星及高端商业客户。比如，本（Ben）是住百家在巴黎的华人管家。在 Angelababy^① 入住巴黎期间，本特别安排以她喜欢的酸奶、可颂面包和新鲜水果作为早餐，并计划安排一位法国大厨上门现场烹制法国大餐。在得知 Angelababy 因工作错过用餐时间后，本又立刻预订了当地最有名的米其林餐厅。

"此次行程之后，Angelababy 正式成为住百家投资人之一。"张亨德说，"这其实给我们很大的信心，包括 Angelababy 在内的很多明星都给过住百家好评，这是用户对我们的认可，给我们巨大的激励。"

---

① 演员杨颖。

得到资本的认可

据统计，2025 年全球分享经济市场规模将达到 3350 亿美元，而住宿业是受分享经济模式影响的重要行业之一，即在物权不发生转移的前提下，整合社会闲置房屋资源，继而与供需匹配，实现有效利用。这在未来很长一段时间仍是备受关注的议题。

自创立之日起，住百家就定位为"爱彼迎 + 凯撒旅游"模式，而不是"中国版爱彼迎"的平台模式。我们可以看到住百家 C2B2C 商业模式本身具有的特点。这种模式下，既从 B 端保证了房源的真实品质，又从供给侧与需求侧的 C 端给予用户精细化个性体验，投资者也恰恰看到了这种商业模式的前景。相较传统的 B2C 模式，住百家更加"轻资产"，因为不对房源做资本投入；相较 C2C 模式，住百家又更加"重运营"，希望保证用户的利益和体验。

2013 年 5 月到 9 月，住百家陆续拿到多位天使投资人总共数百万元的投资。

2014 年 8 月，住百家获得联想之星百万美元的 A 轮融资。

摸爬滚打一年之后，张亨德的理念终于得到资本的认可。

海航酒店、海航凯撒、住百家战略合作仪式

联想之星投资人李明分析："出境游是大趋势，但还是有没被解决的痛点：集体出行和长期居住。这时候，住民宿就比住酒店好。住百家卡位很好：国外的供应端已经被教育得差不多了，国内的需求端又正在起来。"

2015年8月，住百家完成B轮融资。能在短时间内获得这笔融资，离不开住百家健康、快速的业务发展，还有丰富、独特的海外短租资源及优质的服务能力。

2015年9月，住百家与海航旅游集团签订C轮战略框架协议，总额不低于 5 亿元。

2016 年 12 月，挂牌新三板半年多的住百家在一周内连续拿下两轮定增，金额超亿元。

在投资者的眼中，住百家是比较特殊的一个案例，它是唯一专注于海外分享住宿市场的平台，并且对爱彼迎的 C2C[①] 商业模式进行本地化创新，以住宿为核心，提供个性化旅游产品，最大的特点是有强大的资源整合能力。住百家的定位，并非只提供单一的住宿预订服务，也并非只是一个简单的交易撮合平台，而是一个以住宿为核心、提供打包住宿服务的个性化旅游产品的服务平台。

登陆新三板是一次洗礼

2016 年 4 月，住百家成功登陆新三板，被称为"分享经济第一股"。张亨德坦诚地说："登陆新三板对我们来说就是一次洗礼，各方面都必须按照股转系统的要求严格'清洗'，这就让我们不得不更加标准、规范，不能再像早年间一味求快，

---

① 即 customer to customer，电子商务模式之一，是客户对客户的交易关系。

野蛮生长。成为一家合规的公众公司，这也为日后快速发展提前打好基础。前不久，我们刚开了一天的高管闭门会。闭门会更多的是对我们2017年和未来两三年的规划展望。在春节前的年会上，我们已经对2016年工作做了总结，主要是收入的增长情况、房源供给端、需求端、住宿以外的配套产品，以及未来要完成的相关定增。"

2017年3月，住百家迎来五周年庆，张亨德总结道："有统计数据说，创业公司前三年的死亡率在90%以上，而再过两年，幸存的公司还会再倒闭90%以上。而住百家迎来了五周年庆，叫我们幸存者也好，说我们活得有自己的一套"进

2016年4月22日，住百家新三板挂牌

化论"也好，总之我们还活着，而且一直在朝着自己的既定目标前进，没有偏离航向。最近，我翻出了很多创业初期的影像资料。我发现我在 2011 年、2012 年做的商业计划书，跟 2016 年、2017 年做的差不多。我们最初定位就是以住宿为核心的个性化旅游产品公司。应该说，住百家是全球第一家做个性化旅游产品的公司，爱彼迎直到 2016 年才推出类似业务，转型 OTA。"

张亨德说："从整个市场大环境来看，2016 年对任何创业公司来说都很艰难。结合我早期的创业经验，我很明白顺势而为以及之后的明道、优术。但 2016 年实在很难顺势而为，资本也好，经济周期也好，各方面都乏力。不过即便如此，从住百家已经披露的 2016 年半年报和即将披露的全年年报可以看到，我们的营收增长和亏损收窄还是相当明显的，这是我们几年来的最好成绩之一。"

张亨德比较推崇稻盛和夫早年提倡的阿米巴小组制。"2017年，我们会按照业务运营职能来划分组织架构。2016 年，各个部门都是我在管理。今年不需要我太多过问，它们也能正常运转了。KPI^① 调整完后,我们的组织架构,从以前的科层制度,变成了现在的阿米巴小组制度。还有,深圳和北京办公室进行合并,人员、高管团队也做了调整。为了更好地满足 2B 业务的蓬勃发展,我们引进了一些副总裁级别的职业经理人。以前我们直接用百度来拉新,只要砸钱就见效,但最后核算发现,这不一定能够特别好地保证我们的规模化盈利。现在引进的这些人,对此比较擅长。创业多年,回头时会发现还有这么多兄弟姐妹一直在一起,有共同的目标,一起拼搏努力,是非常感动的。"

回顾住百家走过的路,张亨德个人也在不断成熟。"过去我曾想快速盈利,到现在我至少明白了两点:第一,旅游行业不是一个能够快速盈利的行业——发展得比较好的,比如中青旅,是成立了几十年的传统企业,而 OTA 企业,比如去哪儿,经历了差不多十年的时间,而携程则更长;第二,出境游应该求稳,不能逼得太紧。"

当下中国分享经济仍处于市场培育期,分享住宿的发展空

---

① 关键绩效指标(key performance indicator)。

间巨大。随着国家"一带一路"相关政策的支持和国内消费的升级，个性化、定制化、高品质的旅游产品及服务会有非常大的市场需求。

张亨德用更沉稳的语调谈论着住百家的未来："住百家致力于构建以住宿为核心的个性化旅游产品公司，未来的发展也将围绕这一中心展开。随着'一带一路'倡议的推行，住百家也会积极响应，重点放在'一带一路'沿线国家与城市的资源与服务开发。未来，住百家在现有运营模式的基础上，会加强和上下游与周边合作伙伴的合作，深层开放当地旅游资源，联合交通、司导、餐饮、医疗、购物、娱乐、旅行终端，我们希望能共同建设一个绿色的可持续发展的海外出行旅游的生态。"

【创业心路】

创业需要坚持你认为正确的方向

张亨德

住百家创立转眼间已是五年前的事情了①,前两年我一直说我们是在夺命狂奔,一点儿也不夸张,创业的这条路要比想象中难很多,这就好比一场艰苦卓绝的战斗,我们不是单纯地在努力、拼搏,而是用生命在战斗。

回顾这五年的历程,我发现创业也是件很有意思的事情,挫折必不可少,但同时也得到了支持与认可。住百家经历了探知路在哪里、要怎么走的阶段,然后找到了正确的方向,并且最终走在了正确的道路上。于是,我发现每个阶段的经历都成为积累经验的过程,就好比打怪升级,知道通关的方向在哪里后,一路上需要不断杀怪获取经验,经验条注满了就升级,就有了在新三板挂牌上市,就有了 A 轮、B 轮、C 轮的成功融资,

---

① 张亨德接受本书采访的时间为 2017 年。

就有了与海航酒店集团与海航凯撒旅游的深度战略合作，而我们这些"打怪"的人则越战越勇，战斗力不断提升。那些没有"杀"死我的，让我变得更加强大。我想，这正是创业的真实写照。

几年前跟家人出国旅行，我们尝试了当地的短租公寓。等到目的地的时候却联系不到房东，我们只能在一间洗衣房里待了一整宿，即使第二天联系到房东入住，也发现房间内部陈设跟图片差距实在太大。旅行中遇到这种事真的很让人沮丧，也让我有很深的触动，这算是创立住百家的一个初心吧。我们要做中国人自己的平台，避免此类事情的发生。我们更懂中国用户的需求和痛点，能做得更加专业。当然，也要关注时下的各种政策、行业环境，譬如消费升级下消费者诉求的提升，这是市场方向；譬如国家"一带一路"倡议的提出可能会带来的政策红利，这是顺势。做生意要有一定的商业嗅觉，顺应趋势，但不能大而全，还是得聚焦。

接触 Airbnb 的那几年，我也渐渐了解到欧美的这种分享经济模式并不完全适合中国，我意识到要做一些革新。一种商业模式的诞生不仅要符合消费者的使用以及消费习惯，也要贴近商业本质。于是，住百家开创了 C2B2C 的模式，解决了中国用户境外旅游时语言不通、环境不熟悉、应答不及时、安全感缺失的行业痛点。我们努力坚持，在品控与服务上下足功夫。这里要说的就是果断决策与执行力——确定了正确的方向就要着手去做，哪怕还没摸索出便捷的路，走些弯路也比原地踏步要强很多。

做产品、做企业，初心很重要，什么样的人做什么样的产品，什么样的产品吸引什么样的用户。生活环境与生活经历都会激发创业的可能性，但要准确分辨哪些产品有发展的潜能。住百家做出很多创新性的举措，成为行业多个方面"第一个吃螃蟹的人"，源源不断的创新是一个创业型企业得以发展的催化剂。

坚持你认为正确的方向，这正是我要说的。

【人物档案】　📍　张亨德

　　张亨德，深圳市住百家发展股份有限公司创始人、董事长，曾任我爱我家副总经理。入选《福布斯》"2015中国30位30岁以下创业者"、《财富》"2015中国40位40岁以下商界精英"。

陈谏："理才网是我多次创业的结晶"

深圳市理才网信息技术有限公司（简称"理才网"）成立于 2014 年，是目前国内最大的集工具型、平台型和生态系统型于一体的企业管理软件云服务商。理才网创始人陈谏曾获得 2015 年度中国软件行业领军人物称号，他说："理才网是我多次创业的结晶。"

第一次创业被收购

在人力资源管理领域，陈谏是个资深创业老兵。当年的老牌管理软件公司用友和金蝶的 HR[①] 软件，都是出自他的团队，而到理才网，已经是他第三次创业了。

陈谏从中国人民大学人力资源管理专业硕士毕业后，到深圳市云海计算机通讯有限公司（简称"云海"）做人力资源管理工作。当时云海有 600 多名员工，陈谏每个月做工资、考核、招聘等各类工作，实在忙不过来，希望有一个软件能协助管理，但市面上还没有这样的人力资源管理软件。陈谏心想：何不自己动手写呢？云海有不少软件工程师，陈谏就找了两个工程师来带自己，花了半年时间学会写代码、编程序，很快第一个软件产品就成形了。后来蔚深证券、南山集团、华侨城集团、人人乐超市等企业使用这套人力资源管理软件后，反映这个产品还不错，很好用。

于是，陈谏在 1999 年注册成立深圳市硕旺信息技术有限公司（简称"硕旺"），开展以人力资源软件为核心，包括战略与人力资源咨询、培训、外包等专业服务业务，他也成为中国研究新人力资源管理理论和主持开发人力资源管理软件的专家

---

① 人力资源（human resources）。

之一。

2001 年，国内最大的管理软件企业——用友软件股份有限公司（简称"用友"）在上海证券交易所 A 股上市。上市后，用友在市场上寻找优秀的人力资源软件作为收购标的，硕旺的人力资源管理软件以绝对的优势进入用友董事长兼 CEO 王文京的视野。

王文京带队到硕旺考察。陈谏回忆："当时公司没有几个员工，我一个人负责接待，回答了所有的问题。他们团队对硕旺在人力资源管理上的创新非常认可，包括任职资格体系、测评体系、职业倾向判断、薪酬体系等。"用友开出 1000 万元现金和股权的条件，收购了硕旺人力资源管理软件及其研发团队和部分顾问，陈谏出任用友 HR 事业部总经理。2002 ～ 2006 年，用友的 HR 事业部产品销售额占国内 HR 市场份额的 60%，陈谏也因此得到王文京的器重。

第二次创业被拖了后腿

陈谏感激地说："刚创业两年多就被用友收购，我在用友工作了四年时间，不论是企业经营、战略规划，还是做人做事的道理，都从王文京董事长身上学了不少。简朴、厚道、为人真诚，是王总的人格魅力。"

有一回，陈谏负责的一个项目的负责人对王文京很崇拜，陈谏希望王文京给这个客户签个名。他把打印好的一封感谢信拿去给王文京，王文京二话没说就签字了。陈谏走出办公室后，王文京的秘书追上来，又把他叫回去，请他在侧室喝杯茶。一刻钟后，王文京把亲手写的感谢信拿给陈谏。"当我把王总的亲笔信拿给客户的时候，客户感动得半天没有说话。这就是王文京朴实、厚道的地方，他对客户非常真诚，也很重视。这件事情给我留下很深的印象。"

陈谏在用友学到不少企业经营管理的经验，同时也在寻找新的创业机会。"我看到用友采用顾问式营销，成本很高，产品实施过程也很费钱，于是想采用新的模式来做企业服务软件，可以降低企业使用管理软件的成本。"在这个想法驱动下，陈谏离开用友，注册了北京理才网，与美国宏道（BroadVision）在中国成立合资企业——华美宏大（北京）信息技术有限公司，开展人力资源管理软件外包（HRM-ASP）和人力资源管理业务外包服务（HRM-BOS）的开发与运营。这是陈谏第二次创业。

他领导这家公司研
发了新的"互联网
+应用"的 HR 软
件平台，它能大幅
降低应用成本，获
得了用户的支持。
"当时我的第一个

观众体验理才网产品

客户就是新浪。"陈谏说。但是，当用户增长到 3 万时，服务
器却顶不住了，产品的运行速度也跟着变慢。最后，陈谏干脆
把服务器搬到了新浪。"2006 年年初，当时网络环境很差，并
发数上万次服务器就跑不动了，我们的创业被硬件设施拖了后
腿。"陈谏感慨道。

此后，陈谏选择加盟金蝶国际软件集团，任首席人力资源
顾问，先后主持 HR 产品线的研究、开发、营销、内部管理等
工作。

破釜沉舟的第三次创业

在 2010 年第一次看到功能强大的苹果手机的时候，陈谏

想，做 HR SaaS① 产品的时机成熟了。陈谏再次想到了王文京，他可能会有条件支持自己研发 HR SaaS 新产品。

2011 年 10 月，陈谏与王文京谈了很长时间，说到新项目要花费很多资金。王文京答应了。于是陈谏再次加盟用友，任用友首席专家、创新业务部总经理。

"虽然得到王文京的支持，但新项目一直没有启动。我在用友做了两年的规划，我心里明白，对于这样的老牌管理软件公司而言，要做这样的转变还是太难了。一直拖到了 2014 年，我觉得再也不能等待下去了。我决定第三次创业。这次创业投入会非常大，我卖掉了北京的两套房子，找了两个天使投资人，一起凑了 7500 万元，创办了深圳市理才网信息技术有限公司 。"对于 40 岁出头的陈谏来说，这次创业有点破釜沉舟的意味。

创业的想法萌芽后，陈谏曾想过拉拢之前在金蝶和用友的团队，并放言："没有找到钱的时候，你们不要跟我出来。我不做没有谱的事情！"拿到第一期天使投资后，陈谏找到了以前在金蝶做产品经理的卢婧。当时卢婧是维也纳集团行政副总

---

① 软件即服务（software as a service）。

裁，年薪百万元以上。虽然陈谏一开始给不了那么高的工资，但是志同道合，以及一致认为这是一份值得做的事业，两人很快一拍即合。随着卢婧的加入，陈谏之前的团队成员也纷纷放弃待遇优厚、稳定的国企工作，为了实现当初共同的梦想陆续回归团队。随后，在金蝶、用友、腾讯和华为的一些老同事也陆陆续续加入。

2014年3月，理才网正式成立。三个月后，团队已达100人。2014 年 9 月，理才网发布了 dayHR 软件，为企业提供 HR SaaS 解决方案，这也是市场最早的移动端 HR 领域入口级产品之一。"现在能提供 HR 系统全线服务的，市场上只有我们一家。"陈谏说。

增值服务和行业解决方案，是陈谏下一步要做的重点内容。当客户应用 dayHR 产品，需要搭建更多的系统、获得更多的工具，或者需要咨询服务时，dayHR 会提供相应的服务并收取费用。

陈谏说，dayHR 已经有 3250 万用户在使用，企业用户超过 50 万家。截至 2017 年年底，收费用户 3 万家左右，年收入已经达到 1.2 亿元。"2018 年是理才网营收全面提速的一年，前几年在产品和团队上为 2018 年打好了坚实的基础，争取到 2018 年年底，我们能够实现 2 个亿盈利。"

　　早在理才网成立时，陈谏就计划做平台。2015 年 10 月，陈谏公布完成 A 轮融资，同时也发布了理才网基于 PaaS① 服务的企业管理云平台 daydao。这是目前国内唯一的一站式人力资源管理云平台，以一站式人力资源管理软件 dayHR 为切入口，可以满足企业人力资源管理各类需求。陈谏坦然道出他的商业模式："以 dayHR 基础模块免费为切入口，吸引并留住用户为增值产品付费，解决用户高端及个性化的需求。"

成功融资是水到渠成的事情

　　理才网成立以来，获得复星昆仲、软银中国、星河科技、和灵资本、博尊资本、华山资本等近 8 亿元投资。陈谏是如何吸引到著名投资机构的巨额投资的？陈谏淡然地说："想清楚了再创业，就没有那么辛苦，成功融资也是水到渠成的事情。"

　　2015 年 8 月，复星昆仲对理才网长沙研发中心的净值进

---

① 平台即服务（platform as a service）。

行调查。有一次会议本来定好是晚上开，但有一名 HR 外包专家年纪较大，不能晚睡，因此会议就推迟到次日的早上五点开。次日一早，陈谏带着十多位骨干四点半就赶到会议室等候。投资经理把这个细节给复星昆仲集团领导汇报，"光这一点就值得花大价钱投，这是一种创业精神，这个团队战斗力一定很强"。两个月后，复星昆仲参与 A 轮投资，和软银中国一共给理才网投资 2 亿元。

软银中国区总裁薛村禾亲自到理才网，开门见山地说要在企业级服务领域寻找下一个阿里巴巴。当时，新产品还没有开发出来，只有简单的规划，也没有形成系统的演示文稿。陈谏沉着地拿出一个白板，将烂熟于心的流程图画出来，逐一讲解业务点之间的逻辑，商业模式清晰到与客户端具体对接的各种细节。两人的谈话从早上九点持续到深夜十一点才结束。

陈谏说，在 A 轮投资敲定前，还有一个小插曲。当天，投资人从上海飞来深圳开会，紧张讨论了一晚上。令投资人惊讶的是，上午刚看完后台数据，不到半天时间，用户数据就"野蛮"生长，增加了好几千，于是更坚定了投资信心。

2016 年下半年，资本市场持续低迷。当理才网在下半年再次启动融资计划时，业内也捏了一把汗。虽然融资金额远超同行，但理才网并没有砸重金做广告，而是主要靠定向营销、线上线下交互推广、口碑营销及渠道体系建设增加用户量。B轮融资启动前，理财网依然有较为充裕的资金，对于投资对象的筛选力度也比较大，除了资金的雄厚程度，知名度、投资背景、能提供的战略支持等方面也被列入参考项。

2016 年，理才网 B 轮融资发布会

理才网此轮融资，主要用于 PaaS 平台产品优化、国际化产品开发及海内外市场的拓展。2015 年 A 轮融资时，理才网派出专家团前往加拿大、美国考察。2016 年 4 月，理财网美国公司成立，在 B 轮融资发布会上正式宣布进军美国市场。2016 年 10 月 18 日的发布会还以"生态"为话题，吸引产业链上下游共同参与生态圈建设。在此发布会上，理才网宣布成功进行 B 轮融资。

秉承"让天下没有难搞的管理"这一愿景，理才网已为 3000 多万平台用户提供全生命周期的企业管理服务和个性化的行业解决方案，逐渐形成企业云应用、行业云应用、云智囊服务三大业务并驾齐驱的经营格局，并吸引了华为、中兴、阿里巴巴、腾讯、平安、招商银行、万国数据、双高集团、中智集团等 100 多家战略合作伙伴。令陈谏感到自豪的是，强化产品线、销售团队和渠道建设，加大市场推广已经让理才网离"4 个亿"的销售目标更近了一步。

【 创业心路 】

想清楚了再行动，创业没有那么苦

陈谏

我是有三次创业经历的"老司机"。1999 年首次创业，创立硕旺 ;2005 年创立北京理才网,主导美国宏道 CHRM[①] 业务 ; 2014 年在深圳成立理才网，打造 daydao 企业管理云平台。回顾这三次创业，我总结出一句话，就是 : 想清楚了再行动，创业并没有那么苦。

我第一次创业的时候，主要是靠出去讲课，赚了培训费给工程师发工资,后来公司被用友集团收购 ;第二次创业的时候，就找最佳合作伙伴，做最好的产品 ;到了第三次创业的时候，对要做的事情看得更清楚了,早就规划好"产品—行业和渠道—平台"三部曲，对未来五至十年都规划得很清晰，按照想法一步一步地去执行。

---

① 　协同人力资源管理系统（Collaborative HR Management）。

　　一路上获得投资机构的关注和注资，所以我觉得也没有那么辛苦。身边很多创业者说创业非常辛苦，原因是在绝大多数的时候是抱着试试看的心态，摸索着前进，其实如果看不清楚下一步该如何做，那么盲目行动之后就会有失败的风险。我的经验是，我前面做的很多年的工作，都是为了寻找创业方向，看准了方向再行动，就会轻松很多。这是我作为连续创业者的经验之谈。

【人物档案】　♀　陈谏

　　陈谏，深圳市理才网信息技术有限公司创始人、CEO。担任中国人力资源开发研究会常务理事、中国人力资源管理网首席 HR 专家、多家机构人力资源管理顾问、广东现代文化发展中心首席人才专家、《中国人力资源开发》常务理事等社会职务。

高云峰：中小企业要有开阔的视野

　　激光被称为最快的刀、最准的尺、最亮的光，而有一束光从深圳发出，闪耀中国，照亮全球激光市场——这束光源自大族激光。它不仅代表国内激光装备制造行业的最高水平，更使得国内的装备制造技术摆脱了依赖进口的局面。

　　2016 年 10 月 13 日上午，国务院总理李克强在大族激光进行调研，鼓励大族激光员工为中国装备制造业转型升级做出更大贡献。

　　大族激光董事长高云峰说："最初为了获得发展资金出让控股权，到后来我以 2400 万元购得控股权，如今看来最终是双赢的局面。"

2016 年，大族激光销售收入超过 69 亿元，位居世界激光企业前三位。

控股权的出让与回购

1996 年，高云峰创办了大族实业，专门生产激光雕刻机，当时主要依靠客户的预付款才得以周转运作。1998 年，大族实业的技术已经成熟，要进行市场扩张就需要大量资金，于是高云峰找到高新投，希望得到担保贷款。经过接触，高新投竟然动心了，决定将资金投给大族实业。高新投提出的条件包括：一是以净资产为依据作价；二是必须由高新投控股。双方在控股权问题上僵持了半年多，最后高云峰退了一步，同意接受高新投的两个条件，但附加一条：如果企业在一年半内净资产从 860 万元增加到 2000 万元，大族实业创始人有权以净资产的价格回购控股权。1999 年 4 月，高云峰注册成立大族激光，432.6 万元现金流进大族激光，为企业发展壮大提供了宝贵的资金。

2000 年 9 月，一年半之约终于到期了，大族激光净资产

位于深圳市南山区的大族集团大厦

达到 3400 万元，高云峰要求回购控股权。但由于涉及国有资产对外转让，深圳市国有资产管理部门批准高新投将大族激光 46％ 的股权拿出来公开挂牌竞拍。由于大族激光在业内已有一定知名度，这次竞拍引来厦门建发集团、深圳大鹏创业投资公司等多家企业，使得价格不断上涨，最后由自然人高云峰以 2400 万元购得。这成为当时深圳市个人购买国有股权成交额最大的一宗案例。

高云峰说，高新投从投入资金到创业投资大部分退出，历时两年；经过拍卖，高新投获利甚丰，大族激光则由于牵手高新投而获得资金支持，快速发展，可见这是双赢的结果。

要把全部心思用在做业务上

2001 年下半年，大族激光进行第二轮融资，红塔集团、招商局集团、华菱管线、东盛创业等大型企业先后投资。大族激光于是有了更大的平台进行市场扩张，在业务上还是锁定激光设备这一主业。

当时，大族激光在市场上面临两个巨头的威胁，华工科技与大恒科技在 2000 年上市，在资金与技术上都有明显优势。高云峰却看到这两大巨头共同的缺陷：一是面临从事业单位到企业经营的转轨；二是面临从国有企业运作到建立现代经营机制的挑战。而大族激光股权明晰、机制灵活、有国际化运作经验，高云峰把所有资金集中到发展主业上，以较便宜的价格出售高质量的激光设备，客户主要是外资企业和三资企业。大族激光很快就在竞争中脱颖而出。中国工业经济联合会的调查显示，2003 年，大族激光在国内激光打标机市场上占 71.96% 的份额，处于行业龙头地位。

经过几年的发展，到 2004 年年初，大族激光已经成为世界知名的激光打标系统集成商和激光器生产商，拥有三次谐波激光产生技术，已申请美国和中国发明专利。大族激光还拥有

15 项激光打标控制软件的著作权，该软件已成为同行业的软件标准。

高云峰说，对上市不能强求，不能揠苗助长，要把全部心思用在做业务上，业务做到行业内数一数二，自然就能上市了，可以说，上市是一个水到渠成的结果。

从 2004 年登陆中小企业板到 2017 年，这十多年来，大族激光取得了长足的发展，拥有雄厚的研发实力，多项技术处于全球领先水平。

大族激光拥有近 4000 人的研发团队，拥有国内外专利 2200 多项，多项核心技术处于国际领先水平。大族激光与多所著名大学建立了战略合作关系，联合成立了相关实验室及人才培养基地等；依据 ISO 9001 质量控制体系和 ISO 14001 环境管理体系，对产品来料、加工过程、整机、出货各个环节严格把关，确保出货产品的性能和质量，多个产品系列已获得欧盟 CE 认证①。

高云峰自豪地说："在全世界主要的激光加工设备生产厂

---

① CE 认证是一种安全认证。在欧盟市场，CE 标志是强制性认证标志。不论是欧盟国家的产品，还是其他国家的产品，要想在欧盟市场上自由流通，就必须加贴 CE 标志。

商中，大族激光无论是市值还是销售额都是最靠前的。"2016
年，大族激光集团销售收入超过 69 亿元，位居世界激光企业
前三位，以及国内激光设备占有率第一位。

不仅如此，大族激光还是国家重点高新技术企业、国家级
创新型试点企业、国家科技成果推广示范基地的重点推广示范
企业、广东省装备制造业重点企业、深圳自主创新领军企业，
主要科研项目被认定为国家级火炬计划项目。

抢占智能制造制高点

大族激光不仅是世界知名的激光装备制造商，而且是成熟
的智能装备解决方案提供商。

近年来，在工业 4.0、"中国制造 2025"及行业大背景下，
大族激光依托雄厚的资金和技术，以激光设备和激光技术为基
础，加快在智能制造各领域的集群化发展步伐，在全球范围内
通过收购、并购或参股等方式将触角伸向全球各个尖端领域。
比如，大族激光收购以色列 3D 激光精密测量 Nextec 公司、
联合中航集团收购航空制造公司西班牙 Aritex、收购沈阳赛
特维、战略控股东莞骏卓、投资并购铂纳特斯等。

　　业界专家分析，智能制造是实现制造业由大变强的核心技术和主线。2015年5月8日，国务院正式印发《中国制造2025》，根本目标在于使中国迈入制造强国行列。2015年7月21日，工信部公布2015年智能制造46个试点示范项目名单，大族激光钣金装备事业部申报的"激光切割机床智能制造试点示范"项目成功入选。2016年8月，大族激光钣金装备事业部申报的《高档数控激光加工机床及其核心器件智能制造数字化车间》成功入选2016年智能制造综合标准化和新模式应用项目。该项目是大族激光打造智能化工厂的具体实践，总投资金额为2亿元，预计于2018年12月完成。

　　值得关注的是，2016年6月30日，深圳市宝安区政府与大族激光集团签订战略合作框架协议，双方拟就激光加工产业发展、创新研究以及机器人、可穿戴设备和智能装备制造等领域开展合作，联手共建百亿级激光智能制造产业集群基地，打造全球激光产业高地。大族激光将充分发挥在激光加工及智能制造领域的技术研发及产业优势，与宝安区共同培育和发展以机器人、智能装备、先进制造等为代表的重点优势产业，在宝安区打造激光智能制造产业集聚基地，实现在机械、汽车、电子、航空等关键领域成套技术装备的突破和发展。

大族激光的快速发展，和与国内高校开展产学研合作密不可分。2016年9月12日，大族激光－湖南大学激光智能制造技术联合研发中心在深圳市宝安区揭牌运行。该研发中心将在激光切割、焊接、3D打印、清洗、强化、制孔、精细加工等激光智能制造技术及其装备领域开展深度合作，整合双方优势资源，促进人才培养，加快科技成果转化，抢占智能制造制高点。

给中小企业的建议

对于中小企业的发展与融资，高云峰有几点建议：

一是中小企业要有全国视野。登陆中小企业板是要参与全国性竞争的，因此要在行业内确立龙头地位才有希望在中小企业板上市。大族激光虽然总部设在深圳，但经营模式是全国性的。

二是要规范运作。上市就必须经过严格审查，如果企业规范运作，在纳税申报表、审计报告、治理结构规范等方面就和证监会的要求比较接近，因此容易通过审查。

三是深圳市的企业要注意发挥深圳的优势，要选择高附加值的产品进行开发，同时还要发挥国际化优势，争取在与国内同行竞争中胜出。

四是中小企业寻找风险投资要定位清晰，结合自己的行业，了解自己的需求，寻找最合适的风险投资机构。如果仅仅需要资金，就可选择金融类综合性投资公司。如果不光需要资金，还要进行业务拓展，就要找有产业背景的投资公司。

五是中小企业要多参加高交会以及专业展览会，在那里能寻找到很多商机。大族激光连续多年参加高交会，在展会上企业形象得到充分展示，也获得了很多商业信息与合作伙伴。

一路披荆斩棘，历经风雨，大族激光已经从当年的"小个头"成长为排名世界激光企业前三位的"巨无霸"。随着工业制造逐步转向智能制造升级，大族激光为中国迈向全球"制造强国"扛起了大旗。

【采访手记】

敬畏商道

杨柳

在此之前曾两次采访高云峰，都是在时间非常紧迫的情况下被"授命"。

第一次是 2004 年 6 月的一天，我正准备去广州参加一个新闻发布会，领导突然来电话，说"大族激光成为登陆中小企业板的首家深圳企业，你赶紧去采访一下他们公司负责人"。

此前，我从来没有采访过高云峰，只是偶尔在科技系统的会议上打过照面。当我打电话约访时，他很爽快地答应了。我打车赶过去。记得是在很喧闹的华强北一带租用的办公区，楼下是川菜馆巴蜀风，大族激光就位于这栋陈旧办公楼的 4 层，办公环境显得非常拥挤。当时高云峰正在接待一批客户。等送走客人，他很有礼貌地请我进办公室。第一印象是，高云峰很年轻，肤色黝黑，眼睛明亮，面露英气。

接受采访前，他的秘书已为我准备了一些文字资料。他头脑清晰地回答了我的一连串提问。采访完毕，出门后我一看表，才花了 50 分钟。我想，真是个高效的老板啊！

第二次是 2006 年 5 月 20 日，那天是星期六，上午 10 点，我正准备外出，突然接到领导电话，要我及时赶到大族激光去采访。

我匆匆打车赶到位于南山区的大族激光大厦，感觉新盖的办公楼气派了许多。

我与两位同事坐下来，听高云峰讲述刚才中央领导参观公司的过程。他措辞准确，语言流畅而生动，语气很愉快，时而发出爽朗的笑声。

"排名前五百位的中国工业企业，几乎无一例外地采用了大族激光的设备，从华为、中兴通讯的通信设备，从海尔家电到青岛啤酒、红塔香烟、五粮液、椰树牌椰汁，甚至连人间美味阳澄湖大闸蟹也要用 100 多台大族激光设备，用于激光防伪和身份识别。去年我们光是激光打标机，就销售了 2500 台，是名副其实的世界第一。很多传统产品用我们的设备加工后，身价就翻了番。这要是在十年前，想都不敢想。"

其中，高云峰讲述的"让客户先赚到钱"的故事给我留下了深刻的印象：为了把激光设备卖给纽扣制造商，高云峰决定帮企业免费打样，用自己的设备给每颗纽扣打上需要采购纽扣的服装厂的品牌，让企业以每颗纽扣 2 分钱的价格与服装厂洽谈，视效果来决定是否采购。后来温州的纽扣厂纷纷找上门来订货。到第二年，激光制纽机就供不应求了。就这样，大族激光陆陆续续在纽扣这样一个小行业销出了数千台设备，累计销售额达 3 亿元。

高云峰多次说过："在我创业的过程中，我要感谢很多人。他们在我面临危机的时候都充当了我的贵人和'救命稻草'。商道无常，缘分可贵。当你对商道保持敬畏时，你就应该用商业的成功来回报社会。"

【人物档案】 📍 高云峰

　　高云峰，深圳市大族激光科技有限公司、深圳市大族激光科技股份有限公司董事长兼总经理，大族控股集团有限公司董事长。深圳市政府特殊津贴专家，曾获 2006 年度深圳市科学技术奖市长奖、广东省专利金奖、广东省科学技术进步奖二等奖等奖项。北京航空航天大学客座教授、深圳大学客座教授、中山大学兼职教授、哈尔滨工业大学兼职教授、中国软件行业协会副理事长。